Charles de Rochefort

Beschreibung von Tabago

Charles de Rochefort

Beschreibung von Tabago

ISBN/EAN: 9783744637350

Hergestellt in Europa, USA, Kanada, Australien, Japan

Cover: Foto ©ninafisch / pixelio.de

Weitere Bücher finden Sie auf **www.hansebooks.com**

Beschreibung

von

TABAGO:

Einer Insul von denen Antilles, oder Caribischen Eylanden in

AMERICA.

Auß dem Frantzösischen Tableau des Monsr.
DE ROCHEFORT übersetzet; Theils aber
vermehret / theils auch vermindert / und nach
dem gegenwärtigen Zustande dieser
INSUL eingerichtet.

Durch

W. v. D.

HAMBURG,

Zu bekommen bey Thomas von Wiering, im Gül-
den A.B.C. bey der Börse.

von

TABAGO:

Einer Insul von den Antilles in America.

Das I. CAPITEL.

Von der Gelegenheit dieser Insul / und von ihrer Eygenschafft und Lufft.

Je Insul / die vor diesem in allen Land-Charten unter den Namen TABA-GO bekand gewesen / und ungefehr bey 30 Jahren hero auch Neu-Walchern, oder nach der Niederländischen Redart Wal-cheren genennet worden / ist die erste in der Ordnung / und meist gegen Mittag gelegen / unter allen Antilles oder Caribischen Insulen. Gegen Morgen hat sie zu nechst Bar-bados ; woselbst die Englischen eine berühmbte Colonie haben. An der Mittags Seiten liegt sie nicht weit von dem festen Lande America. Gegen Abend hat sie der Hl. Dreyfaltigkeit Insul / welche die Spanier inne haben: Und gegen Mitternacht die andern Caribischen Insulen / die gleichsam einen halben Zirckel oder Vor-Mauer ma-chen vor den grossen Americanischen Insulen.

Sie lieget von dem Æquator , und ziehet sich gegen Norden bey 11 Grad und 16 Scrupel ; Erstrecket sich 12 Meilen in die länge / und viere in die Breite / wo sie am breitesten ist / und etwas schmähler an ihren Enden. Ihr Umbfang ist ohngefehr 30 Meilen / und begreiffet

A dar-

darinnen Spitzen oder Zungen des Landes / welche an
etlichen Orthen ziemlich weit in das Meer hinein gehen.
Und ihre geſtalt / welche Oval iſt / machet die Form eines
Bogen bey der Ecken / die man ehemals Root Bay, ietzo
aber Frantzöſche Bay nennet.

Ob ſchon dieſes Land unter allen andern Antilles am
meiſten ſich nach der Æquinoctial Linie ziehet / und daher am meiſten der Sonnen Hitze unterworffen iſt / ſo iſt
doch die Lufft daſelbſt überauß lieblich und temperirt, ſintemahl ſie des Tages über durch die Winde / ſo gemeiniglich von Morgen oder von Mitternacht wehen / erfriſchet / uñ bey Nächtlicher weile von dem Thau ſo überflüßig
befeuchtet wird / daß derſelbe nicht eher auf den Blättern
der Bäume und Kräuter / die damit beladen ſind / außtrock-
net / als 3 oder 4 Stunden nach der Sonnen auffgang.

Dieſe angenehme und faſt allezeit gleich temperirte
Lufft iſt Urſache / daß man allda gar ſchwerlich den Unterſcheid der Jahrs-Zeiten vermercken kan; Alſo daß /
wenn ja eine Veränderung daſelbſt iſt / wie ſie denn in
der That geſchicht / ſo iſt ſie doch kaum zu mercken / und
kan nicht anders als durch die Wärme unterſchiedē werden / die alßdenn etwas länger währet / und ein wenig
zu einer Zeit gröſſer iſt als zu der andern; und durch die
Regen / ſo darauff folgen / und in wenig Tagen den Bäumen und andern Gewächſen / alle Liebligkeit und Grüne
wieder erſtattē / derer die vorher gehende Hitze ſie beraubet.

In dieſer Inſul iſt es niemals kalt / auch kein Eiß noch
Schnee / welches traurige Früchte des Winters ſind / zu
ſehen / man weiß auch daſelbſt nichts davon : Es würde
ein Wunder ſeyn / ſo man etwas davon allda hören ſolte:

　　　　　　　　　　　　　　　　　　　　Aber /

Aber/ob schon die Erde daselbst allezeit mit einer annehm=
lichen Grüne bekleidet ist/ und die Bäume fast allezeit mit
Blüthen und Früchten gekrönet / so sind doch die Näch=
te allda überauß kalt und feuchte. Und so man diese Zeit
über auffgedecket bleibet/ist man der Heiserkeit unterwor=
fen/und bekomt groß und gefährliche Magen=Wehtagen.

Fast das halbe Jahr ist allda Tag und Nacht gleich /
und die übrige Zeit sind die Tage 14 Stunden lang/ und
die kürtzesten Nächte 10 Stunden. Und es ist also be=
schaffen/daß die Göttliche Weißheit den Ländern/welche
am meisten den heissen Stralen der Sonnen unterwor=
fen sind / sehr lange und feuchte Nächte gegeben hat/ wie=
derumb zu erneüern und Kräffte zu geben / was dieses so
nahe Gestirn den Tag über welck gemacht und außge=
trocknet hat.

Man kan allda das Jahr nicht in vier gleiche und un=
terschiedliche Theile theilen / wie wir in Europa thun :
sondern die Regen/ so daselbst nach dem Monat April biß
zum November offte fallen / und die grosse Trockene / so
die übrige Zeit die Herrschafft hat/ machen allein den un=
terscheid/ so man in den Jahres=Zeiten mercken kan.

Im übrigen mag es so Regenhafftig seyn in dieser
Insul als es immer wil / so versichern uns doch die jeni=
gen / so viel Jahr daselbst gewohnet / daß fast nicht ein
Tag hingehe / daß sich die Sonne nicht sehen lasse. Und
eben dieses sagt man auch von der Insul Rhodis, weß=
halben die Alten solche der Sonnen zugeeignet haben / in
Meynung/ daß dieselbige insonderheit für sie Sorge trü=
ge / und daselst mehr und häuffiger als anderer Ohrten
ihre annehmliche Einflüße ergehen lasse.

Uber

Uber dem ſchönen und hellen Wetter/ ſo man in dieſer
Inſul zu genieſſen / und der geſunden und temperirten
Lufft/ ſo allda wehet/ befinden die Einwohner noch andere
ſonderbahre Annehmligkeiten und Vortheile mehr/ welche wir in folgenden Capiteln vorzuſtellen Vorhabens
ſind/ alſo daß wir dieſes gegenwertige nit beſſer zu ſchlieſ-
ſen wiſſen / als daß wir bekennen müſſen/ daß allda eine
ſehr groſſe Materie verhanden / GOtt den HErrn zu loben für ſo theuere Güte und Wolthaten/ die ſie allda von
ſeiner milden Hand empfangen/und zu Ihm zur Danck-
barkeit alſo ſprechen :

Das Engel-Chor lobt GOtt in denen Himmels-höhen/
Woſelbſt umb ſeinen Thron viel tauſend tauſend ſieben ;
 Und wenn alhier der Menſch / die Liebe recht betracht't/
 Die dieſe Welt faſt ſelbſt zum Wunderwercke macht't/
So ſtimmet er mit ein! er läſt nicht ab zu loben/
Im Tempel dieſer Welt/ biß das recht wird erhoben
 Des Allerhöchſten Ruhm; Zumahl weil er bedenckt/
 Was Gaben ihm ſein GOtt aus lauter Gnade ſchenck't.

Das II. CAPITEL.

Von der Natur des Landes dieſer Inſul / wie leicht
allda Häuſer/ Städte und Veſtungen auffzubauen/ und von
den Fluſſen und Brun-Quellen/ ſo daſſelbige befeüchten.

Jeſenigen/welche von den Eigenſchafften han-
deln/ſo die Oerter haben ſollen/wo man Colonien mit glücklichen Fortgang anlegen wil/ra-
then/ nach dem annehmlichen Temperament der Luft/
mit allem Fleiß drauf zu ſehen/ ob auch das Land tüchtig ſey ohne groſſe Mühe Lebensmittel herfür zu brin-
gen/welche zu unterhaltung des Lebens von nöten ſind/
und einige gute Wahren/ welche die Handelung dahin
           ziehen

ziehen und erhalten mögē. Sie wollen auch/daß man
sich erkündige/ ob Materialien allda verhanden/wel-
che dienen/mit guter Gemächligkeit und leichter Mühe Häuser und Festungen zu erbauen/im fall der Noth
der Feinde böses Vornehmen abzuhaltē/ und der Ruhe
der Einwohner zu versichern ; Und endlich/ob auch die
Wasser allda gut/ und die Flüsse Schiffreich/oder die
Haven und Rheden also beschaffen / daß die Schiffe
anlegen und sicher liegen können. Wir können sagen/
daß die Insul/ die wir beschreiben/ alle diese Vortheil
in einem sehr sonderlichen Grad habe und besitze.

Das Land darinnen ist nicht rauh an hohen uñ stei-
len Gebirge/wird auch nit von dem Wasser des Meers
oder den Morasten überschwemmet/noch von überlauf
der Ströhme und Giebächen überfallen / noch von
Dornsträuchen oder Hecken und dicken Gehöltze bedecket: Sondern hat in etlichen Gegenden Hügel und
sehr angenehme kleine Höhen/werauf man gar leichtlich kommen kan / hernach aber / da es überauß lustige
Thäler hat / erstrecket es sich in sehr weite und frücht-
bahre Ebenen/ die mit allerhand fürtrefflichen und
herrlichen Bäumen beziehret sind.

Was die Beschaffenheit des Landes anlanget/so ist
es an etlichen Orten geringe und sandicht: An andern
ist es vermenget mit Kiß und kleinen Kiesselsteinen /
sonsten aber fett und schwartz/ und diejenige / so es besehen haben nach seinen Ebenen und Thälern biß an die
Höhen seiner höchsten Berge/geben ihm das Zeugniß/
daß es allendhalben sehr wol und tüchtig zu bauen sey/
und die Erfahrung / wie man schon an unterschiedlichen von den Gebüsche gesäuberten Orten versucht/be-
zeüget überflüßig/ daß es mit einem angenehmen Wu-
cher allen Samen/ damit es besäet / reichlich wieder
einbringet.   Was

Was aber die Materialien betrifft/ſo zu leichter erbauung bequemer Häuſer / ja Städte und Feſtungen
ſelber dienet / ſo hat man wahrgenommen / daß es in
unterſchiedlichen Gegenden einen fetten Thon hat/
worauß Maur- und Dach-Steine zu brennen; Man
findet auch gemeiniglich an dem Strande des Meers
häuffige Schülpen oder Muſcheln / davon man einen
überauß weiſſen Kalck machen kan. Welcher/wenn
er mit dem an den Waſſer-Flüſſen liegenden Sande
vermiſchet wird / eine kutte machet / ſo dem Waſſer
wiederſtehet und von der Lufft eben ſo ſich erhärret/als
wie der Kalck welcher von Kalckſteinen gemacht wird.

Man findet weiter an vielen Armen dieſer Inſul
Steine / ſo gebrand werden / und auch dienen können
allerhand Mauren auffzuführen. Und man hält dafür / daß gegen Norden Gänge von unterſchiedlichen
arthen Steine ſeyn/ welche gehauen/ und davon Thüren und Fenſter-Werckſtücken / als auch alle andere
Zierrahten an Häuſern/ die man gerne lange wehrend
haben will/ gemachet werden können. Aber das ſchöne Holtz in den gehegten Wäldern/ derer dieſe gantze
Inſul voll iſt / gibt einen ſothanen überfluß Materie /
die ſehr dienlich iſt/ Häuſer zu zimmern / mit ſo unvergleichlicher leichtigkeit/daß wenig Einwohner ſeyn/die
ſie begehren auff eine andere Weiſe zu machen.

Man ſiehet alda auch ſchöne und annehmliche Oer-
ter/welche allen Vortheil haben von einer guten Situation und Landereyen die an Flüſſen und Meer-Häfen
liegen/ und Städte daſelbſt zu bauen / die ſehr leicht
mit Gräben umbgeben und mit Bollwercken können
verſehen werden. Man hat auch an etlichen Orthen
Hügel und Höhen/ die von Natur ſo feſte gelegen/daß
mit gar wenig Unkoſten/und noch weniger Kunſt/man

ſehr

fehr gute Wercke oder Schantzen / die gar leicht zu de-
fendirē darauß machen könte / die Handlung dieser Insul zu versichern / und denen / so ihr diese Herrligkeit
mißgönnen möchten / ein Schrecken einzujagen.

Aber was das allerfürtrefflichste und wichtigste in
der Materie / davon wir handeln / daß ist dieses / daß
alles / wovon wir rühmen / nicht bestehet auff ungewis-
sen Einbildungen oder schlechten Entwürffen / die anders nicht wesentlich verhanden / als nur in derjenigen
Gedancken / die sie ihnen vorbilden; sondern auf festen und wolversicherten Gründen / welche schon bereits und grösten theils glücklich gefodert uñ ins Werk
gerichtet worden / und ihre gänzliche Vollkommenheit
von den Segen des HERRN erwarten / ohne welchem auch die allertrefflichsten Handlungen der Menschen nicht glücklich von statten gehen können.

Was die Städte betrifft, hat man den Grund von
zwo geleget / davon die eine / welche bereits eine schöne
und grosse Gasse hat / nebenst viel andern Zierrathen
mehr / die wir an ihrem Orth beschreiben wollen / den
Namen hat JACOBUS - Stadt / von dem Durchl.
Landes-Herrn dieser Insul / und die andere neü Mi-
tau. Es sind auch drey Vestungen allda / die gegen-
wärtig in dem Stande sind / daß sie das landen uñ die
Einfälle der Barbaren verhindern / die unruhigen
Köpffe in Zaum halten / und die Feindlichen Schiffe
von der Rhede abwehren können.

Die erste und fürnehmste von diesen dreyen Festungen ist die / so Casimirsberg genennet wird / und woselbst der H. Gouverneur seine ordentliche Wohnung
hat. Sie ist gebauet auf einen Hügel / so ohngefehr
50 Fuß hoch ist / über dem Lande / da man eine von den
Städten zu bauen angefangen / davon wir bald reden
wer-

werden. Der andere / so vorhin Beveren / itzo
aber Ferdinands-Burg heisset / ist auf einen Felß
geleget / darauf man nicht wol komen kan / und commandiret gäntzlich einen der benachbarten Haven/und
liegt auf einer Zunge des Landes / die fast eine Insul
machet / auff welche man Vorhabens ist/ neû Mitau/
sonst neû Flißsingen genant / zu erbauen. Die Dritte
bestehet nur in einer Redoute/ so zwischen zwo Spitzē
lieget / davon die eine genennet wird Pointe de Sable,
oder die Sand Spitze / und die andere des Caro s-
Spitze. Wir werden Anlaß haben / diese drey Be-
stungen eigentlich zu beschreiben / wenn wir die Gegenden dieser Insul / allda sie liegen / besehen werdē/
derowegen wollen wir hier an diesem Orte nichts mehr
davon sagen.

Was die Flüsse und Brunnen anlanget/ so ist nicht
ein Land in der gantzen Neuen Welt / welches sich
nicht weiter erstrecket / daß sie schönere und in grosser
Anzahl habe/ als dieses. Die alten Einwohner haben
derselben sonsten nur 18 angemercket / aber diejenigen/
welche ein wenig hernach die Insul durchzogen / zehlen
ihrer fast noch einmahl so viel. Mehrerntheils dieser
angenehmen Brunnen Quellen / die niemahls / auch
bey der grössesten Hitze nicht vertrocknen / machen
grosse und tieffe Flüsse / welche / nachdem sie die Thäler und Felder befeuchtet / Macht und Geschwindig-
keit genug haben / den Zoll ihrer Wasser dem Meer
oder der See zu zuführen.

Es sind auch etliche von diesen schönen Flüssen/die
in ihrem Lauff und ordentlichen Krümmen/ an etlichē
Othen Steinfelsen und steile Oerter antreffen/ von denen sie mit Ungestühm sich herab stürtzen und solche
Abfälle machen/die dienen könten ohn unterlaß Mühlen.

len-Räder zu treiben/ das Rohr damit zu zermalmen/
welches mit den süssen Safft angefüllet ist/ daraus
man den Zucker machet. Welches viel bequämer und
von wenigern Unkosten seyn würde/ als andere Machinen und Gebäude/ die jetzo im Gebrauch sind/ und
anders nit als durch Pferde oder Ochsen getriebē wer-
den/ wie wir an seinē Ort davon meldung thun werdē.

Wir werden noch Gelegenheit haben mit sonderbahren Fleiß die klahren SpringBrunnen zu betrach-
ten/und uns auffzuhalten bey den Ursprung dieser lieblichen Bäche/ die dieses Land erquicken/ und dasselbige so fruchtbar und lustig machen/ daß es keinen andern in diesem Fall etwas bevor giebt: Wir können
uns aber vor diesesmal nicht entbrechen/mit Verwun-
derung über die preißwürdige Versehung des höchsten
HErrn der Welt/ der diese Colonie mit so überflüssigen Schätzen begabt/ Jhm diesen gottseligen Danck-
Zoll abzustatten/ sagende:

Der Brunnen tieffer gang/ der uns zwar ist verborgen/
Muß Bluhmen/ Kräuter/ Feld und alles Land versorgen
   Mit neuer Krafft und Safft! Des Höchsten weise Rath/
   Zeigt uns so wunderlich des Segens fetten Pfad.
Der klare Silber-Fluß ergetzet Sinn und Augen/
Und/ wenn die Kräffte fast/ zur Arbeit nicht mehr taugen/
   So bringet ein Geräusch den Schlaff der uns erquickt/
   Und zu der neüen Müh' recht wieder macht geschickt.

Das III. CAPITEL.

Von den Bäumen die in dieser Jnsul wachsen/ davon
man die Früchte geniessen kan/ und die auch zum bauen
dienen.

UNter einer fast unglaublichen Anzahl wunderschöner
Bäume/ die sich in dieser Jnsul finden/ tragen etliche

liche gute Früchte/ die zur Nahrung und Erquickung der
Menſchen dienen: und die andern helffen nicht allein
zur Zierrath des ebenen und bergigten Landes/und zur be-
luſtigung der Augen / ſondern ſind auch zum verarbeiten
und bauen dienlich. Jhre Schönheit und der gute Geruch / womit ſie die Lufft anfüllen/ benebenſt der Zierlig-
keit und Feſtigkeit ihres Holtzes von unterſchiedlichenFar-
ben machet/daß man ſie zu allerley Werck nützlich gebrauchen kan.

Ja es ſind deren etliche / die nicht allein den Geruch
durch ihren annehmlichen Geſchmack / und das Geſichte
durch die Schönheit ihres Laubes erquicken: Sondern
auch/ die mit glücklichen Fortgang in der Artzney-Kunſt
und Färberey zu gebrauchen ſind. Wir wollen in dieſen
Capittel, die Früchte tragen/ ſo gut zu eſſen ſind/ oder die
zu Erbauung der Häuſer dienen/ beſchreiben/und die andern in das folgende erſpahren / allda wir ihnen auch ihre Stelle geben wollen.

Die fruchtbahren Bäume / die in dieſer Jnſul wach-
ſen/ ſind von der Natur allda herfür kommen/ oder von
andern Orthen hinein gebracht; dieſe ſind Pomeran-
tzen/ Citronen/Granaten und Feigen-Bäume / welche ſo
ſchöne und delicate Früchte tragen / als irgend an einem
Orth in der Welt. Dieſe Bäume/ weil ſie allenthalben
bekandt ſind / wollen wir nur ſagen / daß ſie in dieſer Jn-
ſul/ wie auch in allen warmen Ländern/ dieſes inſonderheit habe/daß ſie zu allerzeit bey ihrer Blühte auch Früchte tragen/ wiewol in unterſchiedlicher maſſe / nach dem
Unterſcheid der Jahrs-Zeit.

Die jenigen/ ſo von Natur allda wachſen/ſind in weit
groſſerer

gröſſerer Anzahl; Die erſte Stelle darunter wollen wir
dem Goyavier geben / die eine arth Apfel wie eine Kro-
ne geſtalt träget/eben wie dieGranaten/und die auch voller Kern ſeyn; daher ſie die Holländer ſüſſe Granaten
heiſſen.DieſeFrüchte/die anfangs grün ſind/werden gelbe und bekommen einen guten Geruch/weñ ſie reiff ſind.
In ihrem erſten Zuſtand eröffnen ſie den Leib / und in
dem andern haben ſie eine gantz wiedrige Eigenſchafft.
Die ſo Purpurfarb oder roth ſind/wenn ſie geöffnet wer-
den/ſind überauß lieblich/und werden ſehr hoch geſchätzet.

2. Der Papayer, wann er nicht wild iſt / träget eine
Frucht/wie eine kleine Melone/die in ſtücken geſchnitten
wird / und eines ſehr annehmlichen Geſchmacks. Seine Rinde iſt gelbe mit etlichen grünen Strichen durchzogen / und in der Mitten hat es eine Citron-gelbe ſub-
ſtantz in ſich / die ſehr annehmlich ſchmecket / man findet
auch darinnen viel runde/ klebichte und weichlichte Ker-
ne / die wie Würtz-Nägeln riechen.

3. Der Momin oder Mamin, trägt eine groſſe Frucht
eben des Nahmens/ die eine gar grüne Schale hat/ und
zertheilet iſt in kleine gleiche Theile/welche die Geſtalt haben wie die Rinde an den Tann-Zapffen. So man
ſie einſamlet / wenn ſie reiff ſind / iſt ſie inwendig voller
Marck/ wie ein Rohm/ der dem Mund ſehr annehmlich
am Geſchmack iſt/und überauß erfriſchet. Sie hat ihren
Samen in der mitten / welcher an Geſtalt iſt wie eine
gantz glatte Bohne / und mit kleinen güldenen Adern
durchzogen / die ihm einen hellen Glantz geben. Etliche
heiſſen den Baum der dieſe Frucht träget/ Curaçao, weil
er in Vollkommenheit wachſet in einer Inſul deſſelbigen
Nahmens:

Nahmens: Aber die Spanier haben ihn Mamin genennet/ und damit auff die Figur und Gestalt seiner Frucht gesehen/ welche einer Brust gleichet/ und die Substantz, so er darinnen beschliesset/an der Farbe wie eine Milch ist.

4. Der Junipa ist ein sehr grosser Baum/ mit sehr dicken Aesten/ welcher Aepffel träget/ an der grösse denjenigen gleich/ die wir Rambour heissen/ und welche/wenn sie reiff sind/ mit grossen Geräusche vom Baum fallen/ und scheinen gleich als wenn sie im Ofen gebacken wären. Ob schon der Safft dieser Frucht überaus klar ist/so färbet er doch die Hände mit einer gar dunckeln viol-braunen Farbe/ die sich vor 9 Tagen nicht wieder abwischen lässet noch vergehet.   Das Holtz dieses Baums ist sehr dienlich zu Tischler Arbeit/ weil es fast gantz ohne Knorren ist/ und vollkommlich poliret und glat gemacht kan werden.

5. Der Raisinier oder Trauben-Baum bringet an seinen Zweigen gewisse Trauben herfür/ die man von weiten für grosse Violbraune Rosinen ansehen solte/ wenn sie reiff sind.   Aber an statt der Kernen hat jedwedes Beer unter seinen zarten Häutlein/ und unter einer gar wenigen säurlichen und kühlenden Substantz einen so harten Kern als wie die Pflaumen: Das Marck dieses Baums/ so feste und einer gewässerten Viol-braunen Farbe/ ist sehr bequem allerhand fürtrefflich Drehe- und Tischer-Arbeit darauß zu machen.

6. Der Acaiou träget eine schöne Aepfel/länglicht und überauß roth/ die eine Tannet-braune Blüthe haben/ an der gestalt wie die Niere eines Hasens.   Diese Frucht ist voller gewisser Schwammichter Fäserlein/ die mit einem

nem Saffe angefüllet / welcher ſehr labet und den Durſt
löſchet.   Man hält auch darfür / daß er die Tugend hat/
die zähen Feuchtigkeiten auß der Bruſt außzuführen /
wenn ſie damit beſchweret wird ; ja auch mit Verwunde-
rung alle Schwachheiten und Gebrechen des Hertzens
zu ſtillen und zu benehmen.

7. Der Monbain oder Monhin, giebt gelbe Pflau-
men/ eines Tauben-Eyes groß / die einen guten Geruch
haben/ und einen gar annehmlichen Geſchmack: Wenn
man aber zu viel darvon iſſet / ſo machen ſie die Zähne
ſtumpff: Welches machet / daß ſie nur von den Papagoyen und Faſanen / die ſich davon mäſten/ geſucht werden.   Der Baum/ der ſie träget/ wächſet ſo hoch als ein
Nußbaum/ und hat Blätter faſt wie die Cedern.   Er
dienet nicht zum bauen: Aber wenn ſeine Zweige nur in
die Erde geſtecket werden/ ſetzen ſie alsbald Würtzeln/ um
welcher Urſach man ſie gerne zu Pfälen brauchet.

8. Der Acouma oder Alcuma träget auch Pflaumē/
ſo denen Monbain gleich ſind / aber viel ſüſſer und angenehmer : Gleichwohl ziehen ſie den Mund zuſammen /
wenn man viel davon iſſet / er iſt ſehr dienlich zu ſchönen
Gebäuden/ wann der Gipfel vom Stamm geſondert
wird.   Seine Farbe iſt faſt gleich dem Buchsbaum /
und ſeine Härte iſt auch nicht geringer.Er verfaulet nicht
weder in- noch außerhalb der Erden / ob er ſchon im Regen und Winde lieget : Und die Würme / welche faſt alles ander Holtz in dieſen warmen Ländern benagen/ greif-
fen dieſes nicht an. Man könte auch allerley Art von anderer Arbeit darauß machen: und dieweil es ſchwer und
überauß feſte iſt/ kan es vollkommentlich poliret werden.

9.

9. Der Kirſchbaum / welchen etliche den Indiſchen
Cormeltbaum heiſſen / iſt ein Baum der ſo hoch und dicke
wächſt als unſere gröſſeſten Kirſchbäume / und traget eine
kleine ſchöne rothe Frücht / an geſtalt gleich einer Kirſchē /
und eines ſehr ſüſſen und annehmlichen Geſchmacks. Er
hat keine Kern / ſondern etliche kleine Körnlein / die ihm
an ſtatt des Sarns ſind.

10. Der Palmbäume / die in dieſer Inſul wachſen /
ſind unterſchiedlicher Arthen.   Etlich ſind von ſo wun-
derſahmer Höhe / daß ſie ſich biß in die 140 Fuß hoch über
der Erden erheben / ohn einige Zweige.   Aber oben ſind
ſie gekrönet mit groſſen Blättern / derer einige ein wenig gegen den Stamm gekrümmet ſind / die andern a-
ber erheben ſich in der mitten empor / in geſtalt eines
wunderbahren Federbuſches.   Auff dem Gipffel des
Stammes dieſer wunderſeltzahmen Bäume / und mitten
in den Blättern / die ihm an ſtatt eines Krantzes dienen /
findet man eine groſſe Nuß / oder wie es etliche nennen /
einen überauß weiſſen Kohl-Kopff / welcher gekochet und
gewürtzet / eines viel beſſern geſchmacks und geſunder iſt /
als der bey uns in den Garten wächſt.   Aber die Stämme dieſer Bäume ſind unvergleichlich / und weit fürtrefflicher zu gebrauchen als ihre Früchte.   Denn über dem /
daß ſie ſehr bequem ſind zu Röhren / umb das Waſſer zu
leiten / wohin man will : So machet man auch noch
gar leichtlich darauß gute und ſtarcke Bretter / welche
dienen die Häuſer zu verſchlagen / und die Kammern
abzuſchneiden / auch andere Gemächer / ſo man allda
gebrauchen will / darmit anzurichten.

11.   Es iſt noch eine andere Art dieſer Palmbäume /
                                                              die

die nicht so hoch wachsen als die vorigen / aber derselbigen
Holtz / welches graufarbig und mit weissen Adern gezeich-
net / ist viel härter / seine Blätter sind auch dicker: Er
träget Nüße so groß wie ein klein Hüner-Ey / welche so
hart sind / daß man eine grosse Gewalt gebrauchen muß /
wenn man sie auffbrechen will. Die Schwartzen / (welche stetswehrende Knechte sind der Inseln / die ihnen
von der Africanischen Küsten zugeführt werden) finden
darinnen einen Kern / der ihnen auch schmecket / ob er
schon trocken / und mit einem gelb-farbigen Hartz bedecket
ist / darnach man sonst nicht so gar groß Verlangen hat.
Diese Palmbäume haben auch Kohl-gleiche Köpffe / die
eben so schmackhafftig uñ delicat sind als von den andern:
Man hat aber so viel Mühe / sie von den grossen Hauffen
harten und zerkerfften Blättern / die sie umbwickeln / loß
zu machen / daß sie anders nicht gesucht werden / als wañ
man die andern etwa nicht haben kan. Weil dieses
Holtz schwer und feste ist / so machen die Wilden Keulen
oder Kolben davon / die sie Boutous nennen / und an statt
der Degen gebrauchen.

12. Es findet sich allda noch eine dritte art der Palmbäume / die man Epineus heisset / weil ihre Stämme /
von dem Fuß an biß an dem Gipffel mit langen und starcken schwartzlichten Dornen oder Spitzen besetzet sind /
welche überauß stachlicht und schädlich sind. Ihre Blätter sind an gestalt eben wie die andern / aber mit kleinen
Spitzen gewaffnet / die eben so stechen als wie die Na-
deln: Sie tragen gleichfalls einen grossen Büschel Nüsse / der mit einer höltzernen Schale bedecket ist / die ihnen an statt einer Zierde dienen. Ob nun schon diese
Pal-

Palmenbäume / denen dahin kommenden ein Schrecken
geben / so hat man doch Mittel gefunden / dieselbige
wehrloß zu machen / unnd nachdem man die Stacheln
von ihren Stamen mit Stangen dergestalt herunter ge-
schlagen / daß sie nicht wieder wachsen können/ so machet
man Schnitte hinein / dar eine fürtreffliche Feuchtig-
keit herauß rinnet / welche / wenn sie etliche Tage auffgehoben und verwahret wird / wird sie so starck und auch
so angenehm als unsere beste Weine.   Umb dieser Ursachen willen ist es sonder Zweiffel geschehen/ daß dieser
fürtreffliche Tranck mit dem Nahmen Palmen-Wein
beehret ist worden.

13. Der Fromagier oder Käsebaum / der in dieser
Insul wächst / ist einer unmässigen dicke : ohne zweiffel
hat man ihm diesen Nahmen daher gegeben / weil
sein Holtz/ welches außwendig bedecket ist mit einer
graufarbigen Rinde / so weich ist / daß man es eben so
leiche entzwey schneiden kan als einen Käsen : Er dienet nicht zu bauen / ist aber sehr beliebt wegen des schönen
Schattens/ den er unter seinen Zweigen gibt/ und wegen
der gar sonderlichen Frucht / die er träget.   Dieselbe bestehet in einer dicken höltzigten Schoten/ die eines halben Fußes lang ist/ und eins Hüner-Eyes dicke : Wenn
diese rohe Schale reiff ist / thut sie die Sonne halb auff/
und nachdem sie der Wind herab gewehet / findet man
in ihr eine Pflaum-Feder oder Wolle/ die überauß weich
und dünne ist / darauß man einigen Nutzen ziehen könte /
so man darauß leichte Unter-Futter machte / dergleichen
auß den Morgen-Ländern gebracht werden: oder zu einem
andern Gebrauch / darzu man sie dienlich finden möchte /
versuchen wolte.   14

14. Man findet auch allda eine art grün Holtz / auß welchen Messer-Schalen könten gemacht werden / und allerhand Galantereyen und seltzame Sachen/nach eines jeden Gefallen / dieweil es einer Farbe ist/ die das Gesicht erfrischet/ und einer sothanen Harte und Festigkeit/die einen wunderbaren Glantz bekomt/wenn sie wol polirt wird.

15. Es wächst auch noch allda das Eisenholtz/welches daher den Nahmen führet/weil es dessen Farbe und Härte hat : Also daß man Keyle haben muß die wol gestählet sind/ dasselbige zu fällen / daß ihre Schärffe nicht stumpf werde / von dem ersten Streich/ den man darauf schläget / nachdem man die Rinde durch ist;

16. Der Courbary oder Couberiou, wie ihn etliche nennen/ ist ein Baum von vortrefflichen Nutzen in dieser Insul/ sintemahl man davon Wellen machet zu den Zucker-Mühlen / die so starck und feste sind / daß man sie nicht nöthig hat mit Eisen zu beschlagen/ wie man ar andern Orten siehet/ sie wehren sehr lange / und werdca sehr leicht im Wesen erhalten. Dieses Holtz / daß sehr schön dem ansehen nach und unvergleichlich feste ist/könte auch sonsten nützlich gebrauchet werden zu andern raren Schnitzwerck und Tischer-Arbeit / darmit die zierlichen Gemächer der Häuser außzuputzen.

17. Der wilde Goyavier, ist sehr bequem Reiffen oder Faß-Bander darauß zu machen/ die Wein-Fasser darmit zu binden/ weil es starck und sich spalten und leichtlich biegen läßet und der/ so die Einwohner l'Ingruelis heissen/ kan zu Gebäuden der Häuser gebrauchet werden / wenn man sie vor dem Regen bewahren will.

18. Unter allen schönen Bäumen/ die mit Lobe bestehen

B

stehen können / in auffrichtung der rarcsten und aller-
festesten Gebäude in der gantzen Neuen Welt / muß man
den Vorzug vor allen geben den zwo Sorten des Cedern-
Baums / so sich in dieser Insul finden / so wohl wegen
des annehmlichen Geruchs / den sie von sich geben / als
wegen der höhe Geradigkeit und unverderblichen Sau-
brigkeit ihrer Stämme / wie auch / weil sie sehr leicht auß-
gearbeitet werden können. Das Holtz von der einen Art
dieser Cedern / ist roth an Farbe / welche das Wasser / so
es darauff fält / färbet / wenn er abgehauen wird / eben wie
das Brasilien Holtz thut. Der andere ist röthlicht wie
Buchsbaum; ist aber nicht so voller Knoten / und ist auch
nicht allerdinges so feste.

19. Der Latanier, welchen viel unter die Palmbäume zehlen / wie wir solche nach der lange beschrieben haben in unseren Geschichten von den Antilles, hat auch
seine Stelle unter den Bäumen / die ein sehr herrliches
Holtz haben / wegen seiner schwere / festigkeit / unverderb-
lig eit / und wegen der unterschiedlichen Farben / damit
er durchzogen ist / welche ihm einen so grossen Glantz geben / wenn er poliret worden / daß man es für einen Jas-
pis solte ansehen. Etliche Indianer belegen damit die
Spitzen ihrer Pfeile / welche dahero eben so durchdrin-
gend und gefährlich sind / als die mit Eisen oder Stahl
beschlagen worden.

20. Indem wir von den früchtbahren und zu den
Bauen dienlichen Bäumen reden / die in dieser Insul
überflüßig zu finden / müssen wir auch nicht den Cocos-
Baum vergessen / von welchen die Geschicht-Schreiber
wunderbahre Eigenschafften rühmen / mit so grossen Ge-
prän-

pränge und herrlichen Lobe/ daß es scheinet / daß sie darinnen der Sachen zu viel thun: Weil aber das Capitel
schon zu lang worden/ und vielleicht allzuviel vor diejenigen geredet ist/die nicht gar grosse Lust an dergleichen Cu-
riositäten haben/ wollen wir allein sagen / daß über dem/
daß dieser unvergleichliche Baum ein Frucht träget/wel-
che in ihrem natürlichen Gefäße so wohl eine fürtreffliche
Kost als einem wolschmeckenden Tranck dargiebet/die genug seyn können zum gantzen Unterhalt des Menschen:
So kan man auch von seinem Stam oder von seiner Rin-
den/ von seinen Zweigen oder Würtzeln / und von seiner
Frucht/ und nehmen die Materialien, welche nöthig sind
zu Erbauung der Häuser / der Schiffe/ zu Oele/ zu Bal-
sam/ die Wunden zu heilen / zu Faden /Zeuge darauß zu
machen / zu nothwendigen Gefäßen/ und ins gemein zu
allem was zum bestand einer Haußhaltung erfördert wird/
wie man nach der lange sehen kan dem 16 Capitel unser
Natürlichen Geschichte von den Insulen Antilles. Wohin wir nochmahls den curiösen Leser gewiesen haben
wollen / in der Hoffnung/ daß wenn er den Gebrauch
und die Wunderbahren Eigenschafften dieses Baums /
und der andern/ die daselbst beschrieben sind / mit ihren
dem Leben nach gemachten Figuren lesen wird / er genö-
thiget wird seyn zu derer Ruhm zu sagen:

Der Bäume wunder-Arth die keine rauhe Zeit/
  (So streng' sie sonst auch fällt / entblättert und entkleid't/)
Und deren Alterthum uns eben so kan laben/
Alß ihre Jugend thut / weil sie stets Kräffte haben/
Die zeigen von sich selbst/ daß ihre stete Schöne
Und angenehme Frucht fast andre wie verhöhne!

Das IV. CAPITEL.

Von den Bäumen in dieser Insul/ welche zur Artzney und zur Färberey gebrauchet werden können.

GOTT / der sich niemahls unbezeüget gelassen / in Wolthat der Menschen / nachdem er ihnen gewisse Gräntzen zu ihrer Wohnung verordnet / hat alle Gegenden / dahin er sie gesetzet / mit nothwendigen Mitteln versehen / daß sie daselbst mit gemachligkeit ihren Auffenthalt haben möchten / indem er der Erden die Krafft gegeben / nicht allein Lebensmittel / die zu ihren Unterhalt nöthig/ sondern auch über dieses Artzneyen herfür zu bringen / sie von unterschiedlichen Kranckheiten / so sie allda überfallen und kräncken möchten / zu befreyen.   Diese Insul / die wir beschreiben / besitzet ohne Wiedersprechen diesen Segen mit grossen Vortheil / sintemahl sie eine annehmliche Männigfaltigkeit gibt an früchtebahren / und zum Bawen dienlichen Bäumen / wie wir in dem vorhergehenden Capitel gesehen haben : Und auch eine grosse Anzahl andrer / die zur Artzney oder Färberey dienen können / allermassen wir auß nachfolgenden werden können abnehmen.

1. Wir wollen die erste Stelle geben den Cassien-baum/ welcher eine solche Frucht träget / die allenthalben bekant ist unter den Nahmen der Cassia   Der Baum/welcher dieselbige alle Jahr einmahl träget / wächset an der grösse und gestalt wie ein Pfersich-baum / aber seine Blätter / die in wehrender seiner Außtrocknung abfallen/ sind länger und breiter. Zur Zeit des Regens pranget er mit gewissen gelben oder viol-braunen Blumen / die Büschel-

wei-

weise wachsen/nach welchen herfür kommen lange Scho-
ten/ welche/ wenn sie zu ihrer Reiffigkeit gelangen/ beschliessen sie in unterschiedlichen kleinen Fächlein/die süsse
Artzney/ welche diejenigen/ so es gebrauchen/ gar gelinde
ohne Reissen des Leibes/ purgiret.

2. Die Artzney-Nüße wachsen auff einem Strauch/
davon man offtmahls die Zäune im Garten machet/und
wachsen so hoch als bey uns die Feigen-Bäume. Er
träget gelbe Blüthen in Glocken gestalt/ darauf folgen
gewisse Nüsse/ die unter einer Schwartzlichten Scha-
len drey oder vier kleine Nüsse haben/in welchen man ein
Kern/ so seinen gebrauch in der Artzney hat. Es ist a-
ber gefährlich/ solches zu gebrauchen/wo man nicht derjenigen Nachricht davon hat/ welche auß Erfahrung
wissen/ wie viel man davon nehmen/ und wie man sich
dabey verhalten muß.

3. Der Millepieds wird also genennet/ weil er eine
grosse menge Würtzeln hat/ die auß ihren eigenen Zweigen wachsen/ so bald dieselbigen nur die Erde berühren/
also daß endlich sein Stam unmeßlich dicke wird: Seine
Blätter sind ein wenig breiter als die Lorbeer-Blätter/ er
bringet eine Frucht so groß wie eine Feige/ welche von
den Papagoyen sehr gesuchet wird : Vor dieser Frucht
gehet vorher eine weisse Blüthe/ unter welchen man ein
gelbes Hartz findet/ welches die Tugend hat/ allerhand
ahrten Flecken und fliegende Hitz-blätterlein zu heilen/
die im Gesichte und an den Händen herfür kommen. Es
geschicht auch/daß die Bienen in den holen Zweigen dieser
Bäume gemeiniglich ihr Wachs un Hönig versamelen.

4. Der Copal, von welchen wir an unterschiedlichen
B 3   Or-

Orthen unserer Geschichte von den Antilles geredet haben / ist ein Baum schön anzusehen / welcher/wenn man
in seinem Stamm bohret / einen sehr schönen Balsam /
eines sehr lieblichen Geruchs von sich giebt/der die Krafft
hat / in sehr kürzer Zeit allerhand Schnitte zu heilen /
und die Geschwülsten / so voller Materie sind/zu erwei-
chen oder zu zeitigen. Die Rinde dieses Baums ist röth-
liche und eben wie der Caßien-Baum / er verliehret seine Blätter in wehrender Hitze / wieder die Natur aller
der andern/ welche zu allen Zeiten ihre annehmliche Grüne behalten.

5. Canel-Holtz ist nach der Meynung der meisten
Einwohner der Insulen eben dieses / welches in Florida
Paname, und die Frantzosen Sassafras genennet haben.
Dieser Baum ist einer von den allerschönesten und von
den fürtrefflichsten Eigenschafften / die in dieser gantzen
neuen Welt zu sehen: Er wächst sehr gerade / und wird
bey 30 Fuß hoch/ehe er seine Zweige gewinnet/seine Blätter sind wie die andern Lorbeer-Baum / und deren Ge-
ruch/ wie auch dessen Rinde/ vergleichet sich fast der Zim-
mit-Rinden oder Canel, sein Holtz hat auch eben so guten
Geruch/ und dessen Farbe ziehet sich etwas auf Roth. Es
ist feste und sehr dienlich/ allerhand schöne Arbeit darauß
zu machen / aber biß dahero hat man es in dieser Insul
zu nichts anders gebrauchet / als Häuser damit zu bauen.
Seine Zweige sind so dicke in einander gewachsen / daß
darunter nichts wachsen kan als ein klein kürtz Glaß /
welches zu jederzeit des Jahrs einen schönen grünen Tep-
picht gleich siehet/ zur Ergötzligkeit der jenigen/ welche ihre Mahlzeit halten wollen unter den Schatten eines so
an-

annehmlichen und geſunden Baums/darunter man auch
Schlaffen kan ohne beſorgung einiger Ungelegenheit. Er
traͤget Koͤrnlein wie der runde Pfeffer / und ob ſchon dieſelben ein wenig ſtarck und ſcharff dem Geſchmack nach
ſeyn / ſo haben doch die Papegoyen ihre ſonderliche Ergetzung daran. Auff dieſen Baͤumen machen ſie auch
ein ungeſtuͤmes Geſchrey / und halten ſich allda gantz ſi-
cher auff / daß man ſie nicht gewahr worden kan : Weil
ihre Federn eben ſo ſind/ als wie die Blaͤtter der Zweige /
auff welchen ſie ihr Spiel haben.

Im uͤbrigen haben wir dieſen Baum unter diejenigen
geſetzet / die nuͤtzlich zur Artzney dienen koͤnnen / in anſehung / daß ſeine Aromatiſche Rinde von allen denen ge-
ſuchet wird / welche kalte Fluͤße haben / und ein Tranck
von ſeinem in kleine Stuͤcklein zerſchnittenen Holtz gemacht / wird bey den Einwohnern dieſer Jnſulen gluͤck-
lich gebrauchet in Nieren Gebrechen / ſo von Kaͤlte her-
kommen / in ſchweren Athem-holen / in heilung der Co-
lic oder Darm-Gicht / in wegnehmung der Feuͤchtigkei-
ten / ſo die Bruſt beſchweren / in treibung der Winde /
und in allen Verſtopffungen der untern Theile des Leibes:
Schließlich / die Rinde dieſer arth Baͤume / wenn ſie in
den Schatten getrocknet wird / gibt den Speiſen / wenn
man ſie darmit wuͤrtzet / einen ſehr annehmlichen Geſchmack / und bringet den verlohrnen Appetit wieder.

5. Aber uͤber alle dieſe ſchoͤne Baͤume / deren jedwede
Arth auch andern benachbahrten Jnſuln gemein ſind /
wachſen noch viel in dieſer Jnſul / die ſie abſonderlich
deßwegen beruͤhmt machen. Dergleichen ſind die jenigen / die man vor weniger Zeit geſunden / welche
Fruͤchte

Früchte tragen / die / was die eußerliche Gestalt betrifft/
wenig Unterscheid haben von der Mußkaten Nuß/ so
zu uns aus Ost-Indien kommen / und welche gleicher-
gestalt mit Mußkaten Bluhmen bedecket sind / das ist /
mit einen kleinen Blad oder wohlriechenden Häutlein /
welches zwischen der Nuß und Rinde ist/ so die Frucht
erhält und einwickelt oder umbgiebet.

Mr. de Laer erzehlet in dem 16 Buch seiner Geschichte von America, daß in der Landschafft Guiané, man gemeiniglich unter den dicken Wäldern / welche die grösse
Wusten dieser Gegend bedecken/ Bäume einer mittel-
mässigen Höhe finde / welche Nüße tragen von eben der
gestalt/ grösse und festigkeit / als diejenigen / so unter uns
vor die allerlieblichsten Specereyen gehalten werden. Er
setzet aber darzu / daß sie im übrigen einen weit schärffern
und wildern Schmack/ und einen gar schwachen Geruch
haben / welchen sie leichtlich fahren lässet.

Ob schon diese Bäume / die sich in der Insul / die wir
beschreiben/ finden / höher sind als die in Guyané, so sind
sie doch sonder Zweiffel einerley Arth; Und ist zu hoffen /
daß so man die Mühe nehmen wil/und sie von den verdör-
reten und überflüssigen Zweigen reinigen/ welche ihre
Frucht gleichsahm ersticken/ oder wegen ihres Schattens
sie verhinden / daß sie nicht reiff werden können; sie zu
weit grösser Vollkommenheit kommen / und eines annehmlichen Geschmacks und lieblichern und beständi-
gern Geruchs werden solten.

7. Man hat auch viel von den seltzahmen Bäumen
darinnen vermercket / welche die Frucht Cacan tragen /
derer sich die Spanier bedienen in der Bereitung der un-

ter

ter ihnen so sehr berühmten Kuchen / davon sie den fürtrefflichen Tranck machen/ welcher itzo aller Orthen unter den Nahmen Cicolate bekandt ist / und der eine sönderbahre Eigenschafft hat / den Magen zu stärcken/ und die Verstopffungen zu zertheilen.

8. Was die Höltze anlanget / die zur Färberey dienlich sind/ so wächset daselbst eine grosse Menge der Bäume/ Fustok genandt/ welche eine Goldgelbe Farbe geben/ die sehr hoch geschätzet wird. Es sind auch viel andere / die andere Farben geben / welche in werth sind / weil sie die köstliche rothe Farbe tragen / die man Rocou nennet / oder dieweil man von ihren Stam ein Art Gummi oder Hartz außziehet/daß auch nützlich zur Farbery diene könte.

Schließlich sind viel Bäume und Sträucher in dieser Insul/ welche nach der Zeit des Regens mit unterschiedlichen arthen Blumen und Sträußlein gezieret werden/ und dergestalt das Gesicht erquicken / und einen so lieblichen Geruch von sich geben/ daß man aller Empfindligkeit muste beraubet seyn/ so man nicht unter so vielen herrlichen Geruch und mitten in so entzückenden Schönheiten nicht erkennen solte / die wunderbahre Versehung und unaußsprechliche Güte des HERRN / der dieses Land so reichlich zu fröhnen gewürdiget / dadurch dessen Einwohner anzureitzen/ ihm dafür hertzlichen Danck zu sagen und zu sprechen:

Was ist der Mensch/daß du dich ihm so gnädig/Herr/erzeigest/
Daß du dich durch die Vater Huld zu ihm recht erdwerts beigest?
Du sorgest schon eh Noth erwacht/
Und wenn er selbst nicht dran gedacht;
Drum loben wir /o Schöpffer /deine Güthe /
Mit danckbahrem Gemüthe.

Das

Das V. CAPITEL.

Von den fürnehmſten Vögeln in dieſer Inſul.

Je Ufer des Meers / die umb dieſe Inſul herumb ſind/und die Strande der Flüſſe/ſo dieſelbige befeüchten / ſind gemeiniglich mit vielerley arthen ſchöner Vögel bedecket / die ſich von den kleinen Fiſchen nehren/ oder von einigen Ungeziefern / die auff den Waſſer herumb treiben. Die gemeineſten und welchen die Einwohner Nahmen gegeben haben / ſind die Fregate, die Fauves, die Aigrettes , die Waſſerhüner / die groſſen Goßers/ und die Endten.

Uber dieſe Meer- und Waſſer-Vögel ſo iſt auch die Lufft voller Ringel- oder Holtz-Tauben / Turtel-Tauben/ Papagoyen/ einer arth Amſeln und Kramers Vögel/ die den Unſrigen/ die auch alſo heiſſen/ faſt gleich ſind ; Man ſiehet auch allda die kleinen Raub-Vögel/ Colibrys genandt / welcher Federn mit eben ſo viel Farben gezieret ſind / als man an den Regenbogen findet/ und die alleine vom Thaue leben / den ſie von den Blumen der Bäume und Kräuter außſaugen.

Aber nebenſt allen dieſen Vögeln / die auch andern Inſuln gemein ſind/ hat dieſe auch noch einige beſondere. Wir wollen zu erſt ſetzen die groſſen Faſſanen / welche die Einwohner Kaquerekas genennet / dieweil ſie mit anbrechenden Tag deutlich und zum offtern dieſes Wort wiederhohlen / womit ſie ihr ungeſtümes Geſchrey und ihre Muſic machen / daß ſo verdrießlich und unannehmlich in den Ohren derjenigen iſt / ſo deſſen nicht gewohnet ſind / als ihr Fleiſch wohlſchmeckend und delicat

licat ift. Die Beſchreibung / die wir von dieſen Faſanen in Neu Walcheren gethan haben / iſt der von den
Poules Pintades ſo nahe verwandt / daß wir jetzo davon
nichts mehr ſagen wollen.

Es findet ſich auch daſelbſt ein kleiner Vogel / an der
groſſe und geſtalt eines Sperlings/ der wunderſchöne Federn hat: Der Kopff/ der Halß/und der Rücken/ iſt einer
ſo lebhafften und ſo gläntzenden Röthe / daß wenn man
ihn in der Hand hat / und nur den Halß oder den Rücken ſehen läſſet / man ſolchen gar für eine glüende Kohle
halten ſolte. Was die andern Theile ſeines Leibes belan-
get/ſo hat er unter ſeinen Flügeln und dem Bauche Himmel-blaue Federn / die Federn aber der Flügel und des
Schwantzes ſind dunckelroth mit kleinen weiſſen Tipff-
lein/ die gleich weit von einander ſtehen/bezeichnet/welche
die Figur eines Aug-Apffels haben. Im übrigen hat
er den Schnabel und wilden Geſang wie ein Sperling /
und iſt glaublich / daß man ihn deßwegen den America-
niſchen Sperling oder Spatz geheiſſen hat.

Es kommen offt von der Hl. Dreyfaltigkeit Inſul in
dieſe eine Arth groſſer Raub-Vögel / welche die erſten
Einwohner Adler d'Orinoque genennet / weil ſie ſo groß/
und an geſtalt wie ein Adler ſind/die diejenigen/ſo gereiſet/
in dem Mittagigen America geſehen haben / langs den
groſſen Fluß / der unter den Nahme d'Orinoque bekandt
iſt. Alle ihre Federn ſind licht-grau/ mit ſchwartzen Flecken bezeichnet / welche eine annehmliche Vermiſchung o-
der Schattirung machen / die ſich wie Waſſer über ihren
gantzen Leib erſtrecket / außgenommen die Enden an den
Flügeln/ welche mit gelber Farbe gezieret ſind. Sie haben

ben lebhaffte und ſcharffe Augen/ einen ungeſtühmen und
hurtigen Flug/ in Anſehung der gröſſe und ſchwere ihres
Leibes.

Sie nehren ſich von andern Vögeln/ auff welche ſie
mit gröſſer Gewalt zufallen/ und nachdem ſie ſolche zu
Boden geworffen/ ſo zerreiſſen ſie dieſelben mit ihren
Schnabeln und Klauen/ ihre Pflegung davon zu haben.
Nichts deſtoweniger ſind ſie ſo großmütig/ daß ungeachtet ihrer Begierde zum Fleiſch freſſen/ ſie dennoch niemahls ſchwache und kleine Vögel/ ſo ſich nicht wehren
können/angreiffen/ſondern nur die Arras undPapegoyē/
wie auch alle andere/ die mit ihnen mit gleichen Waffen
ſtreiten können/ das iſt die eben ſo ſtarcke und krumme
Schnäbel und ſpitzige Klauen haben/wie ſie. Man hat
auch angemercket/ daß ſie ſich nicht auff ihren Raub nie-
der laſſen/ ſo lang er auf der Erden iſt/ oder auff einem
Zweige ſitzet/ ſondern daß ſie ſo lange warten/ biß er ſich
unterwindet/ mit ihnen in der Lufft mit gleichen Vortheil
zu kämpffen.

Das feſte Land/ welches in der Nachbarſchafft dieſer
Inſul lieget/ füllet ſie noch mit unzehlichen andern ſeltzamen Holtz- und Waſſer-Vögeln an/ wie auch die ande-
ren Inſulen/die weiter in dem groſſen Meer hinein liegen.
Etliche haben nur einerley geſtalt und farbe/ andere ſind
ſo bundt und mit ſo vielen ſchönen und lebhafften Farben
geſchmücket/ daß ſo man entweder die angenehme Vermiſchung ihrer Federn/ oder die wunderbahre Geſchicklig-
keit/ womit ſie ihre Neſter bawen/ oder die unvergleichliche behendigkeit/ damit ſie in der Lufft fliegen/ betrach-
tet/ ſie eine ſehr weitläufftige Materie geben/den HErrn
                                                           zu

zu preisen / der sie mit so grosser Zierde und Schmuck be-
gabet / und zu seinen Lob zu sprechen :

Ihr lieblichen Vögel / so bald ihr erwacht
So seydt darauff bedacht
Dem Höchsten zu loben/
Damit bey dem Morgen auch stets wird erhoben
Die Göttliche Güthe / begrüsset die Wonne
Der gnädigen Sonne ;
Damit was lebt und schwebt / und was der Höchste nehrt/
Auch seinen Preiß vermehrt.

Das VI. CAPITEL.
Von den vierfüßigen Thieren / die sich in dieser Insul befinden.

Diese Insul allein / ist überflüßig versehen mit allerhand arten vierfüßiger Thiere/von denen man
nur eine oder zwo zum höchsten in den andern
Insulen Antilles siehet. Zu erst findet man alhie eine art
wilder Schweine/ welche etliche Indianer Javaris, andere
aber Paquires heissen : Man hat derselben etliche die
Schwartz sind/ und andere die weisse Flecke haben. Sie
haben alle sehr kürtze Ohren / und den Nabel auf den Rücken. Ihr Gruntzen ist weit erschrecklicher als unser zahmen Schweine : Dieses Wild ist eines gar guten Geschmacks / sie sind aber schwer zu fangen / weil dieses wilde Schwein ein Lufftloch auff den Rücken hat / durch
welches es Athem holet / und seine Lunge erfrischet/ und
daher mit lauffen fast nicht müde zu machen ist/und so es
mercket / daß es durch die Hunde zu nahe verfolget wird /
so stehet es alsbald stille / und bedienet sich seiner Waffen /
die überauß spitz und schneidend sind / und zerreisset und
zerhauet alle diejenigen / so sich unterstehen/ ihm zu nahe
zu kommen. Es

Es ſind Tatous allda / welche mit einem Schilde gewaffnet ſind / womit ſie ſich bedecken / und den gantzen
Leib / alß mit einem Küriß bewahren / welches machet /
daß ihrer viel ſie für eine arth der kleinen Armadilles
halten.   Sie haben Köpffe wie ein jung Sug-Ferck-
lein / und den Rüſſel / damit ſie die Erde umbwühlen /
von gleicher geſtalt : Sie haben auch fünff ſehr ſpitzige
Klauen an jedweder Pfoten / welche ſie gebrauchen / die
Wurtzeln der Kräuter und Bäume auffzuſcharren / ſich
die Nacht über damit zu meſten / oder auch die Erde be-
händiglich umbzuwerffen oder auffzugraben/darinnen ſie
ſich zu verbergen trachten / indem ſie verfolget werden.
Wenn ſie ihre Ruhe nehmen / welches gemeiniglich deß
Tages über geſchicht / winden ſie ſich in einem Klumpē /
wie die Igel / und ziehen ihr Haupt und Füſſe unter den
ſtarcken und feſten Schild ihrer Rücken ſo wol zuſamen/
daß alle theile ihres Leibes unter dieſen natürlichen Har-
niſch bedecket ſind / daran die Waffen der Jäger und die
Zähne der Hunde nichts ſchaffen können.

Man hält darfür / daß ſie ſich eben alſo in Poſtur ſtel-
len / wenn ſie keine Macht mehr zu lauffen haben / und
nahe an einen jähen Ort / oder eine Klufft eines rauhen
Steinfelſen ſind / ſo weltzen ſie ſich von oben herab wie ein
Kugel / befürchten ſich keines Übels noch Schadens /
und machen alſo den Anſchlag derer / ſo ſie verfolgen / zu
nichte.   Ihr Fleiſch iſt gut zu eſſen / und man ſagt/ daß
ſie in ihrem Schwantz ein Bienlein haben / welches die
Taubheit der Ohren heilet. Dieſes iſt zum wenigſten gewiß / wie man auß der Erfahrung erkennet / daß es das
Sauſen und die Schmertzen der Ohren ſtillet und vertrei-
bet/

bet / wenn man es darinnen in Baumwolle eingewickelt
liegen lässet.

Der Agouly, welchen etliche den Insul-Hasen nennen/
ist gemein in dieser: Er hat ein braunliches Haar/welches
rauh und helle ist. Er hat zwo Zähne in den Kinbacken
oben/ und so viel unten/ welche so scharff sind/ daß die
Indianer dieselbe an statt ihre Lancetten und Schermesser
gebrauchen. Seine Ohren sind kurtz und rund/und seine Speise hält er mit den fodersten zwey Pfoten/ wie die
Eichhörner. Man verfolget ihn mit Hunden/ sintemahl
sein Fleisch eben so hoch gehalten wird/als bey uns der Ca-
ninichen/ wiewol es ein wenig wilderentzend riechet.

Wann er rechtschaffen gejaget wird / bemühet er sich
die holen Löcher in den Bäumen zu erreichen/ oder die
Risse der Steinklippen/ darin er seine Zuflucht nimmet.
Aber man zwinget ihn mit Rauch wieder herauß zu kom-
men/ und alßdan gibt er ein Geschrey von sich/ als wenn
er deutlich Conyé sagte. Wenn man ihn jung fahet/ so
wird er leichtlich zahm/so man ihn aber erzürnet/so streu-
ben sich die Haar auf seinen Rücken auff / und er schläget
die Erde mit seinen beyden Hinter-Füssen/ wie die Keni-
nichen zu thun pflegen/ und er würde wol erweisen / daß
er sich gar wol wehren könte/ so man ihn angreiffen wolte
wenn er böse ist. Man siehet auch allda eine Arth kleiner Marder/ welche die Einwohner Manicaus heissen/
ihr Fell ist gar schön und sanfft und gut zu gebrauchen ;
Weil aber dieser Arth Wiesel oder Iltisse das Gevögel
fressen/ und gantz und gar die Hüner-Zucht verderben/
wo sie darzu kommen können/ so wünschte man lieber/
daß ihre gantze Art möchte außgerottet werden.

Die

Die Biſam-Ratzen / die man in dieſer Inſul findet /
ſind ebenmäſſig kleine Thierlein / die die Frantzoſen in
Martenico Pilotris nennen. Sie machen ihre Behalt-
niß oder Wohnung offtmahls in den Löchern der Erden /
wie die Kaninichen / denen ſie an der Gröſſe gleich ſind /
aber was die Geſtalt anlanget / ſind ſie nichts anders als
die groſſen Ratzen / die man anderer Orthen ſiehet / ohne
daß ſie meiſtentheils ein weiſſes Haar an den Bauche
haben / wie die Spitz-Mäuſe / und das übrige ihres Leibes
iſt ſchwartz oder braun. Sie geben einen ſtarcken Bie-
ſam-Geruch von ſich / welcher das Hertz ohumächtig machet / und ſo ſtarck den Eingang ihres Neſtes oder Höle
beräuchert / daß es ſehr leicht iſt / dieſelben zu ſpühren.

Man findet auch in den Höltzern dieſer Inſul Füchſe
und wilde Ratzen / die ſehr ſchöne Felle haben / uñ ſehr wol
dienen könten / köſtliche Futter darauß zu machen in kalten Ländern / weil ſie überauß rauch / auch dicke von Ha-
ren und mit unterſchiedlichen Farben gezieret ſind / die ihren Preiß erhöhen. .

Die erſten Einwohner / nachdem ſie ſich befliſſen / die
zahmen Schweine in die Wälder zu treiben / haben ſie
ſich in denſelbigen dergeſtalt vermehret / daß die Jäger /
die ſie Hauffen-weiſe antreffen / offt ſehr wol beladen mit
dieſem feiſten Wilde / ihre Häuſer damit zu verſorgen /
wieder heimkommen / und ſo ſie die Jungen fangen können / bemühen ſie ſich ſolche lebendig zu behalten / ſie zu
zähmen / und in ihren Ställen zu futtern / da ſie überauß
wol gedeyen.

Uber dieſe wilden Thiere ſind auch in dieſer Inſul allerhand arthen zahme / die man anderer Orthen nicht
ha-

haben kan/ und infonderheit Schafe / Ziegen und Kühe/
die sich von Tage zu Tage allda vermehren / wegen der
sehr schönen Wiesen und dienlichen Weyden/ die allda
sind/ dieselben mit einer unvergleichlichen Leichtigkeit zu
füttern/ und folgens Milch/ Butter und Käse darvon zu
haben/ die den allerbesten Holländischen nichts zuvor geben ;   Also daß die Einwohner/ welche alle diese Annehmligkeiten zu geniessen haben / in Betrachtung/ daß
die Erde und die Lufft / das Meer und die Wälder / die
wilden und zahmen Thiere/ alles überflüssig zu ihrer Unterhaltung beytragen/ schuldig sind Gott zu loben / der sie
mit allem was sie bedürffen/ in so grossen Uberfluß versor-
get und ihn dafür von Hertzen zu dancken und zu sagen:

Mein GOtt / was ist die Mensch / daß du stets an ihm denckest/
Und deine Gütigkeit vom Himmel erdwerts lenckest?
     Du tränckst das matte Feld / und deine Wunder-Hand
     Macht auch durch Thier und Vieh uns deine Huld bekandt!
Die Heerde Zinset uns / sie muß den Tisch bereiten/
Daß Fisch- und Vögel-Volck muß zu gewissen Zeiten
     Zur Nahrung fertig stehn; Du nimmst dich unser an/
     Daß jeder sagen muß: Daß hat der HERR gethan.

Das VII. CAPITEL.

**Von den Fischen und Thieren / die zugleich auff dem
Lande und in dem Wasser leben/ und seltzamen Muscheln/ welche das Meer umb diese Insul herfür bringet.**

Je süssen Wasser-Flüsse/ welche unterschiedliche
Gegenden des Landes dieser Insul befeuchten/
führen etliche Fische in sich/ aber das Meer/ welches ümbher gehet und an allen Seiten anschläget / trin-

C   get

get derſelben ſo viel Arthen und in ſo groſſer Menge her-
für/daß die Einwohner ſich nicht bemühen dürffen in den
Ströhmen zu fiſchen.

Die Fiſche / welche das Meer in allem Uberfluß gibt /
ſind erſtlich die Dorades , welche alſo darumb genennet
werden / weil ihre Schuppen die gelblich ſind / in dem
Waſſer ſo glantzend ſcheinen / als wenn ſie mit vergülde-
ten Scharlach durchzogen weren.　2. Die Meer-Pape-
goyen , die alſo heiſſen / weil ſie eben ſo grün ſind/ als die
Vögel / von denen ſie dieſen Nahmen haben.　3. Die
Bonites, welches eben die ſind/ ſo man an den Küſten des
Mittelländiſchen Meers Thons nennet. 4. die Carangues,
5. die Mulets, 6. mehr arthen von andern groſſen Fiſchē/
die man gemeiniglich Rochen nennet / weil ſie gerne bey
den Klippen ſich auffhalten.　Und eine unzehliche Menge anderer / welche meiſtentheils noch keinen Nahmen
unter uns haben / oder welche / weil ſie an geſtalt unſern
Hechten/ Carpen/ Berſchen/ Barben / ingleichen unſern
See-Fiſchen/ Heringen/ Stockfiſch und Lachſen zimlich
gleich kommen/ und ihnen am guten Geſchmacken im geringſten nichts nachgeben / offt von den Einwohnern der
Inſul mit eben den Nahmen genennet werden.

Was die Thiere/ ſo auf dem Lande und in Waſſer zugleich leben / die ſehr hoch geſchätzet werden/ weil ſie auch
gar groß und den Einwohnern der Colonien ſehr nützlich
ſind / anlanget / ſo hält man inſonderheit gar viel von
Meer-Schildkröten/ die auff den Armen dieſer Inſul ſich
auffhalten und die Lemantins, welche man auf den Gründen findet.

Die Schildkröten werden gemeiniglich von den In-
dia-

dianern getheilet in Frantzösische/ und in die/ so man Cao-
üannes und Carets heisset. Sie haben alle einerley gestalt;
aber nur der ersten Fleisch ist gut zu essen/ohne in der Noth
und in Mangel anderer Dinge / imgleichen ist auch nur
der letztern Schild oder Schale im werth.

Die Frantzösischen Schild Kröten sind so groß / daß
der Schild darüber bey 4 Fuß lang / und fast auch so
breit ist; Und wenn man die Schwarte darunter hinweg
nimt / die eine ziemlich dicke Schale hat / und mit einem
gar zarten Knorpel umbgeben ist / findet man/ daß sie so
voller guten Fleisches sind/ daß eine gnugsam ist / einen
gantzen Tag damit eine ziemliche grosse Haußhaltung zu
speisen.   Dieses Fleisch/ welches Leibfärbig ist/und dem
Kalbfleisch gleich komt/ist sonsten so gesund/daß die Artzte
solches den Krancken nicht verbieten: dieweil sie durch
eine gute Erfahrung angemercket/ daß solches zur heilung
und zu erhaltung der Gesundheit aller / die es offt gebrau-
chen/ dienlich sey.

Diese Erd-und Wasser-Thiere kommen nicht auffs
Land / als nur / wenn sie ihre Eyer dahin legen wollen.
Zu diesem Ende erwehlen sie ein gar zarten und lockeren
Sand / der am Ufer des Meers lieget / und da sie leicht
an das Land kommen können.

Die Landung der Schild Kröten (le Terrissage de Tor-
tues, wie es die Einwohner der Insulen heissen) fänget
sich an um den Außgang des Aprilis/und währet biß zum
Ende des Septembris/un in dieser Zeit kan man sie häuffig fangen / so man zum anfang der Nacht/ wenn sie auß
dem Meer herfür gehen/sie außspüret/und sie auf den Rücken wendet: denn/ wenn sie in dieser gestalt sind/so kön-
C 2   nen

nen ſie ſich nicht wieder umbwenden.   Jhr Fett/welches
gelb-grün iſt / wenn es gekocht wird/ iſt leichc zu verdauē/
und es gibt auch ein Oel / welches dienet darmit zu röſten
oder Backen / was man wil / wenn es noch friſch iſt/ und
wenn es alt iſt / dienet es zu den Lampen.

Die Lamantin oder Manaty wächſet mit der Zeit ſehr
groß und ungemein lang / Jhr Kopff iſt faſt gleich einer Kuh / daher komt / daß man ſie eine See-Kuh heiſſet:
Sie hat kleine Augen / und eine dicke Haut / braun an
Farbe / an etlichen Orten runtzlicht/ und mit einigen kleinen Haaren bewachſen/ die ſehr hart ſind.

Dieſer Fiſch hat keine Floß-Federn/ aber an derer ſtatt
hat er zween kleine Füſſe/ derer jedweder 4 Zehen hat/ die
alzu ſchwach ſind/ die laſt eines ſo ungeheuern uñ ſchwerē
Leibs zu tragen. Er lebet von Kraut/ welches an den Felſen wächſet und auf den Gründen / welche nur eines
Arms hoch bedecket ſind/ mit dem Meer-Waſſer.   Die
Weiblein bringen ihre Jungen herfür wie die Kühe/ und
haben zwo Brüſte/ womit ſie ihre Jungen ſäugen. Man
halt darfür/ daß ſie allemahl zwey bringen/ welche nicht
von ihnen weichen / biß daß ſie der Milch nicht mehr be-
durffen / und daß ſie können Kräuter freſſen wie ihre
Mutter.

Unter allen Fiſchen / die zu des Menſchen Nahrung
dienen / iſt nicht ein einiger / der ſo gut Fleiſch habe als
der Lamantin, Man bedarff offt ihrer nicht mehr als 2.
oder 3/ eine von der groſſen Schlupen zu beladen/ welche
die Jndianer Canots heiſſen: Jhr Fleiſch iſt gleich wie
eines Thieres auf dem Lande / es iſt auch kürtz/leibfarb/
wolſchmeckend/ohne bein oderGrätē/mit Fett vermiſchet/
wel-

welches/ wenn es geschmoltzen wird/ nimmer galstrig oder
alt-schmeckend wird.   Wenn es einen Tag 2 oder 3 in
Saltz geleget wird/ halt man es für besser zur Gesundheit/
als wenn man es gantz frisch isset.

Man findet diese grossen Fische öffter bey dem Mund
der süssen Wasser-Ströhme/ als in dem vollem Meer/ sie
gehen zuweiln auch auß dem Wasser herauß/ sich auf dem
Lande niederzulegen/   und an der Sonnen zu schlaffen;
Welches macht/ daß man sie unter die Erd- und Wasser-
Thiere rechnet/   Sie machen sich aber nicht zu gar weit
von dem Wasser/ damit sie sich wieder hinein weltzen kön-
nen/ auff das geringste Gereusch / daß sie vernehmen.

Die curiösen Leute halten sehr viel von gewissen Stei-
nen/ die man in den Köpffen der Lamantins findet/ weil
dieselbigen/ wie sie sagen/ die Tugend haben allen Sand
und Grieß auß den Nieren zu treiben/ und die Verstopffungen auß den untern theilen des Leibes/ so damit behaftet
sind/ wegzunehmen : Weil aber dieses Mittel etwas heff-
tig ist/ so rathet man nicht gerne/ jemand solches zu gebrauchen ohne Zurath-ziehung eines erfahrnen Medici.

Welche wissen wollen / wie man diese Fische fänget/
können / so es ihnen beliebet / auffschlagen das 21 Capitel
des ersten Buchs unserer Geschichts-Beschreibung von
den Antilles, woselbst sie die Figur derselben/ wie auch
aller derjenigen/ die wir im anfang dieses Capitels benennet haben/ und gar weitläufftig in dem 16 Capitel selber
Beschreibung zu finden sind / antreffen werden.

Was die Muschel Arten/ die man auf denē Sandbänken
um Uffern dieser Insul häuffig findet/ anlanget/ so findet
man derselben so schön und rar/ als in einiger Gegend die-

C 3   ser

ſer neuen Welt. Man ſiehet allda Auſtern, Burgaus,
Casques, Lambis, Porcelleines, Meer-oder See-Hörnlein/
Perl-Mutter/ Silber-Farbene / Bluthrothe/ Geſtirnte /
Grönlichte/ mit Leibfarbe durchſtrahlte/ und Biſam-Muſ-
ſcheln oder Vignots, von ſo viel unterſchiedlichen Farben/
daß ſie auff dem Sande glänzen und funckeln/ als wann
es lauter Edelgeſteine weren.

Die See bringet eben ſo wohl als die Baumeiſter /
unterſchiedlicher art Wercke herfür. Zu Zeiten macht
ſie derſelben einige nur grob oder über hin / welche ganz
bloß und von wenigen Zierrath ſind/ zur andern Zeit bringet ſie zuſammen geſezte herfür / durch eine Vermiſchung
allerhand Formen der Bawkunſt / die einander zu hülffe
kommen / mit ſothaner Lieblichkeit und Zartheit / daß dem
Auge nichts annehmlichers vorkommen mag.

Dieſes iſt inſonderheit zu ſehen in einer groſſe Menge
Muſcheln / die mit unzehlichen ſeltzamen geſtalten unter-
ſchiedlich gezieret ſind. Man kan daran ſehen/ Früchte/
erhobene Knöpfflein / ſo darauff herfür ſtehen/ Lampen-
Röhren / Demantene Spitzlein / abhangende Tropffen/
Stacheln / Glöcklein/ zugeſpitzte Seulen/ runde Seulen/
Röhrlein/ Köpfflein/ Bildwerck/ und unzehliche andere
geſtalten / welche den Curiöſen eine ſehr reichliche Anlei-
tung geben / ſich darmit zu ergetzen / und darüber zu verwundern.

In warheit / man kan nimmer genugſahm an dieſen
Muſcheln preiſen die annehmliche Mänigfältigkeit ſo vieler künſtlicher Arbeit uñ Wercke/ welche die Waſſer in der
Tieffe ihrer Schatz-Kammern haben und bewahren/ und
inſonderheit wenn ein rauher oder harter Sturm dieſelbigen

gen außwirfft / die Uffer dieser Insul darmit zu zieren/
so werden die Augen dermassen mit so vielen und grossen
und gläntzenden Dingen verblendet / daß man gestehen
muß / daß der Urheber aller Dinge mit sehr grosser Majestät seine unendliche Macht sehen läßet / indem er diese
kleinen Geschöpffe mit allen diesen Glantz bekleidet/und sie
mit so grossen Zierrathen schmücket / damit der Mensch
Ihn preisen lerne wegen aller dieser Wercke / und mit
dem heiligen Verfertiger der süssen Israëlitischen Gesän-
ge zu Ihm sagen:

HErr deiner Finger-Werck zeigt selbst von deiner Güte /
Es macht recht innig froh mein Hertz und mein Gemüthe ;
    Auß jeglichem Geschöpff / so klein es auch mag seyn/
    Strahlt mir recht ins Gesicht/Herr/deiner Allmacht Schein.

Das VIII. CAPITEL.

Von den Lebens-Mitteln / welche dieses Land herfür bringet zum Unterhalt der Einwohner.

DAs Land dieser Insul ist so schön/ so reich/ und
so tüchtig / allerhand gute Nahrungs-Mittel
herfür zu bringen/als irgend ein anders daß die
Sonne bescheinet. Man hat in der That befunden/
nachdem es gebauet worden / daß es mit überfluß seinen Einwohnern zu leben giebt / also daß sie nicht nötig haben/von andern Orthen her auff Mittel/so zu ihrer Erhaltung dienlich / zu warten. Es ist zwar an
dem/ daß das Korn daselbst nur in Halmen wächset/
wie in den andern Antilles und in dem gantzen festen
Lande des gegen Mittag liegenden America . aber an
statt dieses Getreydigs / welches gewintert werden
muß/ und viel Sorge und Arbeit erfordert / ehe
man Brod davon backen kan / haben die Einwohner/
                                                    fast

fast ohne Mühe/ das Manioc, Mays, Patates, Hirsen/
Reiß/ allerhand Erbsen/ Bohnen und dergleichen
Hülsen Früchte/ die ihnen an statt des Korns dienen/
wie auch allen andern die in den Insuln wohnen/ und
meistentheils denen / so auff dem festen Lande der
Neuen Welt wohnen.

Was sie Manoc heissen / ist eine Wurtzel einer
Stauden/die eben so genennet wird/davon man weiß
und wolschmeckend Brod machet in gestalt einer Ga-
lette/ die man Cassave nenent / welches sehr annehmlich ist von Geschmack und am Geruch eben wie unser frisch Brodt wenn es aus dem Ofen gezogen wird.
Diese Wurtzel ist so fruchtbar/daß ein Morgen Landes/
so damit bepflantzet wird / mehr Leute nehren kan als
sechs andere / die mit den besten Getreydig besäet
werden.

Diese wunderbahre Wurtzel gibt ein krummes Holtz/
das sechs oder sieben Fuß hoch wächset/und weil es inwendig voller Marck oder Kern/ und außwendig voller Knoten ist/ ist es leicht zu zerbrechen. Sein Laub
ist schmahl / länglicht / und in unterschiedliche Theile
zertheilet/die ohngefehr eines Fingers breit sind. Diese Wurtzel wächset in der grösse und gestalt wie die
allergrössesten Rothen-Rüben / und wird im Außgang des neundten Monaths reiff. Wenn aber die
Erde nicht allzu feuchte ist/ so hält sie sich drey gantzer
Jahr darinnen/ daß sie nicht verdirbet/ also/ daß man
keinen Boden nötig hat dergleichē Korn aufzuschütte;
Dann denselben Tag wen man sie aus der Erden auß-
ziehet / kan man Brod darauß machen / welches auff
den Tisch dienlich seyn kan.

Die Patates Wurtzeln / so in dieser Insul wachsen/
und so einen annehmlichen und guten Geschmack als
wie

wie bey uns die Caſtanien haben/können auch au ſtatt
des Brods dienen. Man kan deſſen auch mit dem Meel
des groſſen Hirſens/den man gemeiniglich Mais oder
Türckiſch Korn heiſſet/ machen/ welches in ſo groſſen
Uberfluß/ und ſo vollkommen in dieſem Lande wächſet / daß man in einem Jahr von einem einigen Felde
zweymahl deſſen einſamlen kan.

Uber alle dieſe fürtreffliche Früchte der Bäume/die
wir in den dritten Capitel dieſes Büchleins beſchrie-
ben/welche viel zu Erquickung und Nahrung der Einwohner dieſer Colonie beytragen können / bringet das
Land auch Bacoves oder Indianiſche Feigen und Ba-
nanes, welche groſſe Früchte tragen/die an einer Trauben hangen/die ſo ſchwer iſt als ein Menſch kan tragē/
um ſo annemlich am Geſchmack und ſo delicat/daß die
Juden und Mahometaner/ die dergleichen in Mor-
genland haben/ ſich bereden laſſen/ daß dieſe Bäume/
die ſo eine wolſchmeckende Frucht und gut zu eſſen
tragen / und ſo lieblich anzuſehen ſind / eben von der
Arth ſeyn / welcher unſere erſte Eltern zu ſündigen
verurſachet/als ſie das Verboth/ welches ihnen GOtt
bey Verluſt des Lebens / nicht davon zu eſſen/ gegeben
hatte/übertreten.   Daher es auch koint / daß viel be-
rühmte Authores unter den Spaniern ſie Paradiß
Apffel genennet.   Zum wenigſten iſt gewiß/daß ihre
Blätter/ die ſehr breit und einer überauß groſſen länge ſind / ſehr bequem geweſen ihre Blöſſe damit zu bedecken.

Das Jagt- und Vogel- Wildpret findet ſich auch
alhie ſehr leichtlich/und die Fiſcherey iſt ſo überflüſſig/
daß nicht/als nur die fauleſten Schlüngel im höchſten
grad/alda ihr Brod trockē eſſen. Uber dieſes iſt daſelbſt
das Land ſehr bequem allerhand Arten an groſſen und
klei-

kleiner Vieh zu halten/ und dieſelben faſt ohne Mühe
auffzubringen/als Hüner/ Indianiſche Hüner/ Gän-
ſe/Enten und allerhand Geflügel/ſo an andern Orten
gemein ſind ; Die ſo ſich nur ein wenig auff die Haußhaltung verſtehen / können einen groſſen Nutzen auß
allerley Dingen ziehen/ihren Unterhalt leichtlich davon zu haben/

Die Küchen-Kräuter und allerhand Wurtzeln/die
in Europa wachſen/bekomen auch in dieſer Inſul ihre
Vollkommenheit.   Die Melonen ſind allda ſo wol-
ſchmeckend und geſund / daß man ſie zu aller Zeit des
Jahrs eſſen kan ohne Furcht das Fieber davon zu bekommen / oder einige ander Ungelegenheit davon zu
haben/ in dem die Wärme der Sonnen ſie ſo vollkommen kochet/daß es gar ſelten geſchicht/daß man kranck
wird/ wenn man davon iſſet/ jedoch daß man der Sachen nicht zu viel thue / unnd daß man darzu gewohnet ſey.

In dem ich aber von den annehmlichen und köſtlichen Gewächſen rede/die in dieſer Inſul wachſen / ſo
würde ich dieſe Erzehlung einer ſonderbaren Zierde be-
rauben/wenn wir der Ananas vergäſſen/ welche für die
allerbeſte und lieblichſte Frucht in gantz America gehalten wird. Sie iſt auch ſo ſchön/und eines ſo lieblichen Geruchs / daß man ſagen kan/ daß die Natur zu
deren Vortheil alles angewendet was ſie am ſeltzam-
ſten und köſtlichſten in ihren Schätzen verborgen
gehabt.

Sie wächſet auff einen Stengel eines guten Fuſſes
hoch / der mit vielen Blättern bekleidet iſt / die ſo lang
ſind als an den Dieſteln/einer flachen Hand breit/und
an der Geſtalt wie die Blätter der Aloe. An den Enden ſind ſie ſpitzig/ eben wie an den gelben Schwertel/
und

und hier und dort voller kleiner Stachel / die sehr
scharff sind.

Die Frucht/welche zwischen den Blättern wäch-
set/und an dem Stengel hervor stehet/ ist zuweilen so
groß als wie eine Melon / aber seine Figur ist fast
gleich wie ein Tann-Apffel. Seine Rinde ist in gleiche theile erhoben / und träget außwendig viel kleine
Blumen/als so viel Blüh-Knospen/ welche nach dem
die Sonne unterschiedlich darauff scheinet alle Farben unterschiedlich annemen/die man an den Regenbogen siehet. Diese Blumen fallen zum theil ab/nach
dem die Frucht nach und nach reiff wird. Was ihr
aber den meisten Glantz gibt und den Titul eines Kö-
niges unter den Früchten zu wege gebracht hat / ist/
daß sie mit einem grossen Püschel / mit Blumen
und kleinen dichten und gescherfften Blättern durch-
wircket ist/die so lebhafftig roth und so gläntzend sind/
daß sie ihm ein wunder schön ansehen geben.

Das Fleisch oder inwendige Marck / so unter der
Rinde ist/ ist etwas zäserig : Es zergehet aber gantz
in dem Munde / hat auch einen so überaus guten
Schmack/und der so sonderlich ist/daß die solchen vollkommentlich beschreiben wollen / und das unter einer
einigen Vergleichung nicht thun können/ alles darzu
gebrauchet haben /was das allerlieblichste ist an Mo-
rellen/ Erdberen/ Hindberen / Muscaten/ Reinetten
Apffel/und wenn sie dieses alles gesagt/ haben sie dennoch bekennen müssen/daß diese Frucht noch einen gewissen überaus herrlichen Schmack an sich habe /
der nicht außgedruckt werden kan / und den sie sonderlich vor allen andern hat.

Man hat eine ziemliche lange Zeit von dieser Frucht
gessen / ehe daß man wahrgenommen den fürtrefflichen

eben Gebrauch/den sie in der Artzney hat/jetzund aber
hat die Erfahrung gelehret/daß sein Safft eine wunderbahre Krafft habe die Lebens-Geister zu erquicken/
und das abgemattete Hertz wieder zu stärcken. Man
gebraucht sie auch glücklich zu stärckung desMagens/
den Ekel zu vertreiben und den Appetit wieder zu bringen. Er thut auch denen wunder guth/ so vom Stein
und verhaltenen Harn geplaget sind ; Und man hält
auch für gar gewiß/ daß er den Gifft seine Macht
benehme.

In Mangel der Frucht thut die Wurtzel eben dergleichen Wirckung. Man hält auch darfür/ daß das
distillirte Wasser davon / seine Wirckung noch ge-
schwinder verrichte. Dieweil man aber angemercket/
daß es etwas scharff ist / und dem Mund / dem Gau-
men und den Harngängen Schaden thue / so rathet
man dessen gar wenig zu nehmen/und zwar mit Rath
eines verständigen Medici, der ihm ein gelindes Vehi-
culum wisse zuzusetzen / welches zur Benehmung dieser Scherffe dienlich sey.

Die gebohrnen Indianer des Landes machen aus
dieser Frucht und aus dem Safft etlicher süsser Pomerantzen ein treffliches Geträncke/das dem Malva-
sier sehr gleich komt / wenn man es zween oder drey
Tage liegen lässet. Man machet auch ein flüssiges
Confect davon/ welches eines von den allerbesten und
delicatesten ist unter allen denen so man aus Indien
bringet. Zuvor auß/ wenn man Blumen von Pomerantzen undCitronen/die noch nicht gantz auffgeblühet
sind/darunter mischet. Man schneidet diese Frucht
auch in zwey stück/ ehe sie gantz reiff ist / und macht sie
trucken ein mit seiner Rinde und einem Theil seiner
Blätter/die ihm zur Zierath dienen. Hernach füget
man

man die Stücken zierlich nach der Kunst wieder zusammen/und überziehet sie mit candirten Zucker oder Zucker-Eyß/ welcher die Gestalt dieser seltzamen Frucht und seiner Blätter erhält/ und also in diesen glückseeligen Gegenden/ ungeachtet der Hitze dieses heissen Erd-Strichs/ ein liebliches und annehmliches Bildniß dessen was der Winter herfürbringet/ sehen lässet.

Ihr müsset mir zu geben/daß wir biß dahero allerhand gute Lebens-Mittel und darzu unterschiedliche merckwürdige und wolschmeckende Trachten fürgestellet haben/welche/ weil sie in dieser Insul wachsen/ fähig sind den allerschweresten Appetit zu vergnügen. Aber ohne Zweiffel wird man auch noch Bericht zu haben begehren/ von dem Geträncke/dessen die Einwohner dieser Gegenden sich gemeiniglich gebrauchen/den Durst damit zu löschen.

Diesen Verlangen ein gnüge zu thun/ wollen wir sagen/ daß man allda zweyerley Arthen Bier braue/ davon das eine gemacht wird aus Wasser und Cassave das ist aus dem Brod des Landes; und das andere von den Wurtzeln Patates, welche man kochen lässt/ehe man sie zu einem Teig machet/ darauff man frisch Wasser giesset/ welches dessen Eigenschafft an sich ziehet. Diese zwo arthen Geträncke/welche in allen Insuln gebräuchlich sind/ sind dem Geschmack annehmlich; und wenn man der darzu gehörige Materien nicht sparen wil/und sie in der Tonnen eine Zeit lang jären lässet ehe man sie durchseyet/ so haben sie zum wenigsten die Stärcke wie das klein Bier/ und dienen eben so viel zur Dauung und zur Nahrung.

Man macht auch Wein alda von Zucker-Rohr/ der sehr annehmlich ist/der das Hertz erfreuet/und das

Ge-

Gehirn mit Dünſten erfüllet/ wenn man deſſen mehr
zu ſich nimt als es die Mäßigkeit zuläſſet. Man kan
auch mit dem Safft der ſüſſen Pomerantzen und Feigen / und mit Ananas , als wir bereits angeführet haben / dergleichen bereiten.   Ferner iſt es das rechte
Land treffliche Limonaden zu machen : weil die Citro-
nen/die Limonien allerhand Arthen/und der Zucker/die
allda wachſen/Materie darzu in allem Uberfluß her ge-
ben/ und die Wärme / die allda faſt täglich regieret/
dieſe Erfriſchung ſehr nothwendig und wolſchmecken-
der machet/als in kalten Ländern. Wo auch alle dieſe Lieblichkeiten nicht genug ſeyn/wollen wir noch bey-
fügen/daß man daſelbſt einen vollkomen guten Meth
machen kan/ſintemahl man allda Honig findet in den
Bäumen/ die Alters halben auffgeriſſen ſind.

Aber ohne Zuflucht zu den durch Kunſt be-
reiteten und vermiſchten Dingen/ ſo geben die Cocos
und die ſtachlichten Palmen ſehr gute Weine / die
nicht im geringſten denen allerbeſten etwas nachge-
ben/ſo man aus Europa dahin bringet/ und die eben ſo
wol als dieſe ihre lobwürdige Eigenſchafften niemand anders zu dancken haben/als der weiſen Verſehung und unvergleichlichen Güte des Allerhöchſten
Urhebers der Natur ; Welcher das Manna in der
Noth in der Wüſten regnen läſſet / und erfüllet mit
ſeiner köſtlichen Mildigkeit die aller einſahmſten
Oerther / darmit der Menſch allezeit Urſach babe
zu erkennen/daß

Des HERREN Hand verſorget und erhält
  Was lebt und ſchwebt auff dieſer gantzen Welt;
Thut ER die auff/ ſo findet ſich bey allen
  Mit Hertzens-Luſt ein ſattes Wohlgefallen.

                                        Das

Das IX. CAPITEL.

Von der Handelung und den aller-gebräuchlichsten Geschäfften der Einwohner dieser Insul.

IN dieser Colonie in Neu-Walchern / wie auch in allen / die man in den andern Ländern in America angerichtet / sind weder Gold noch Silber in der gewönlichen Handlung gebräuchlich : Und ob schon diese köstliche Metallen daselbst eben so hoch geschätzet werden als anderswo / so geschicht doch alhie aller Handel durch vertauschung der Wahren / welche in dem Lande wachsen für diejenigen / so auß Europa komen / sie mögen bestehen in Kleidern oder in Leinwand / oder in Gewehr / oder in Lebensmitteln und andern Bequemligkeiten / welche erfordert werden / das Leben mit annehmlicher Gemächligkeit und Wohlstand zu erhalten / nach den unterschiedlichen Ständen / die in Bürgerlicher Gesellschafft sich finden.

Die Proviant-Häuser / so die Holländer in dieser Insulen bauen lassen / sind gemeiniglich versehen mit Wein / Bier / Brandtewein / Leinwand / Zeugen / und mit allerhand andern Erfrischungen und Wahren / die auß Seeland dahin gebracht werden / und die Wahren / welche die Einwohner dargegen zu vertauschen geben / und die so in der Insul wachsen / können in 5 oder 6 Sorten fürnemlich eingetheilet werden / nemlich in Taback, Zucker , Ingher , Indigo und Catun oder Baumwolle , und in die köstliche Schilde von der arth SchildKröten / die man Caret nennet.

Im Anfang / als dieses Land mit Volck besetzet wurde /

be-

begaben ſich alle Einwohner auff den Taback zu bauen /
womit ſie ſich ehrlich erhalten könten ; Nachdem aber der
groſſe Uberfluß / der aller Orten gezeuget wird / den werth
deſſelben verringerte / haben ſie an vielen Orthen Zucker-
Röhr / Jngber / Jndigo und Baumwollen gepflantzet /
und GOtt hat ihr tapfferes Fürnehmen dergeſtalt geſeg-
net / daß es ein Wunder zu ſehen iſt / mit was für guten
Fortgang alle dieſe Wahren jetzund in dieſer Jnſul wachſe.

Jedoch hat man die Erbauung des Tabaks nicht gäntzlich bey ſeit geſetzet / und der / ſo alhier wächſet / weil er eine
ſchönen und gläntzenden Schnitt / einen angenehmen
Geruch hat / und ſich wohl hält / wird eben ſo werth geſchätzet als der Virginianiſche.   Man hat ſich aber nicht
zu verwundern / daß der Toback in dieſem Lande viel voll-
kommener wächſet / als anderswo / wenn man zuläſſet /
was viel Einwohner dieſer neuen Welt für gewiß halten /
daß es eben an dieſem Ort geweſen / da dieſes ſo beruffene
Kraut zu erſt von den Spaniern entdecket worden / welche
ſie den Nahmen Taback geben haben / zum Gedächtniß
dieſer Jnſul Tabago , da ſie zum erſten damit einen Ver-
ſuch gethan / nachdem ſie ſeine wunderbahre Eigenſchafften auß dem Munde der Carabiſchen Einwohner erfahren / die damahls hieſelbſt ihre Wohnung hatten.

Das köſtliche Röhr / darauß man den Zucker ziehet /
träget eben ſolche Blätter / wie die andere Röhre / die
man in den Moraſten und an den Rande der ſtillſtehende
Seen ſiehet : Sie ſind aber ſo ſcharff / daß ſie in die Hände ſchneiden wie ein Schermeſſer / ſo man ſie nicht mit
Geſchickligkeit anfaſſet. Es wächſet gemeiniglich 5 oder
6 Fuß hoch / und anderthalb Daumen dicke in ſeinem
                                                      Umb-

Umbfang. Es ist auch in viel Knoten abgetheilet/welche einen halben Fuß lang ohngefehr von einander stehen. Aber in dieser Insul wächst es 9 oder 10 Fuß hoch / und im übrigen nach der Proportion dieser Höhe in andern Stücken/ und seine Knoten stehen auch demnach weiter von einander. Welches machet/daß es viel mehr Safft gibt/ alß das / so man in andern Insulen bauet.

Der Stengel treibt herfür/wie ein Strauch/lange grüne und krause Blätter / wie gelber Schwertel / in derer mitten das Rohr / welches man Zucker-Rohr heisset/herfür komt. Dieses Rohr trägt auch auff seinem Gipffel etliche kleine spitzige Blätter/und einen Kolben/worinnen der Samen lieget. Es komt zu seiner vollkommenheit in einem feisten/leichten/und mittelmäßig feuchten Erdreich.

Man pflantzet es in Furchen die eines halben Fußes tieff sind/die man gleich weit von einander mit eine Karste machet/darein leget man folgends die Röhre/so reiff sind/ decket sie mit Erden zu / so bringet kurtz darnach ein jedweder Knoten seine Würtzel/ welche Blätter un Stängel herfür treibet/ der zu seiner Zeit ein neu Röhr bringet.

So bald das Gewächs erscheinet/ muß man sehr sorgfältig alles umbher außjäten/ damit das Unkraut dasselbe nicht ersticke / nachdem es aber einmahl die Erde bedecket/ so erhalt es sich selber / und kan viel Jahr lang währen/ daß es nicht verneuert werden darff / wenn nur kein Wurm darein komt. Denn in diesem Fall ist es besser mit dem allerehsten das gantze Gewächs außzurotten/und ein gantz neues anzulegen.

Ob schon die Röhre reiff sind im außgang des 9. oder 10. Monats / und sie von der Zeit an / gantz voller weis-

D   se-

ses und safftigen Marchs sind / davon man die Feuch-
tigkeit außziehet/ darauß man den Zucker machet; so können sie dennoch zwey gantzer Jahr und mehr guth bleibē/
darnach aber verderben sie. Es ist aber am sichersten/ sie
alle Jahr nahe bey der Erden/und biß auf den letzten Knoten abzuschneiden.

Es sind bereits in dieser Insul 6 gute Mühlen oder
Gebäude / die zu Zerstossung der Röhre/ und den Safft
darauß zu drücken / dienen / und so viel sehr wol und vol-
kommen erbauete Oerter / die mit Ofen und grossen Me-
tallinen und Kupffernen Kesseln wol versehen sind / in
welchen man den Safft auffkochen läßet / biß er zur dicke
gebracht ist/die er haben soll/in Formen gegossen zu werdē.

Unter allen Specereyen des Morgenlandes/die man
in America zu pflantzen versucht hat/ ist keines nicht wol
gerathen als der Ingber, der alhier wol auffkömt: Diese
art Gewürtz / die allendhalben bekandt ist / ist eine Würtzel eines Gewächses / die nicht gar hoch über der Erden
herauß wächset/und grüne und länglichte Blätter träget/
wie die eußersten Blätter an den Zucker-Röhren: Seine
Würtzel strecket sich nicht tieff in die Erde wie andre Gewächse / sondern nur in die breite; und dieweil sie zwischē
zwo Erden lieget / wie eine Hand die ihre Finger außstre-
cket / nennen sie die Einwohner der Insulen Patte de Gi-
gembre, oder Ingber-Pfoten. Dieses Gewächse kan
durch den Samen fortgezeuget werden/ oder / wie man
in gemein damit umzugehen pfleget / durch gewisse kleine
Würtzeln / die umbher an den alten Stengel wachsen /
und der grössesten Würtzeln wie an den Kichern. Weñ
diese Würtzeln ihre Reiffigkeit erlanget / so hat man kei-
ner

her andern Kunst von nöthen / als daß man sie auß der
Erden herauß ziehet/uñ sie auff geflochtenē Hürden trocknen läßet. Hernach verwahret man sie an trockenen Or-
ten/ biß man sie zu Schiffe bringet.

Die Materie / womit man die Violbraune Farbe ma-
chet/ die man Indigo nennet / wird auch auß einem Gewächs außgezogen/welches zween und einen halben Fuß
ohngefehr hoch wächset. Es hat kleine Blätter / wie
Buchsbaum / und die etwas grünlicht sind/ und sich auf
die gelbe ziehen / wenn sie fast reiff sind / seine Blume ist
rothlicht. Sie wächset auf durch Körner/die man durch
Furchen in gleicher Linie einsäet.

Wenn dieses Gewächs reiff ist / so schneidet man es ab
und bindet es in kleine Büschlein/ die man rotten läßet/
in Kuffen voller Fließ- oder Brunnen-Wasser/ darüber
man Oele giessen muß / welches/ seiner Natur nach/drü-
ber herschwimmet / und das Wasser oben gantz bedecket.
Man beschweret auch die Bündlein mit grossen Steinen/
damit sie unter dem Wasser bleiben/und nach verflossenen
dreyen oder vier Tagen / wenn das Wasser durch die gewalt des Krauts/ daß sich selber erhitzet/ auffwallet / und
das Laub durch diese natürliche Wärme/so in dem Stengel ist/ sich abgelöset/ rühret man mit grossen Stöcken die
gantze Materie/die in den Kuffen ist/ umb/ damit sie alle
Substantz/ die in ihr ist/ herauß möge geben / und wenn
es sich wieder gesetzet/ nimt man alles Holtz/ daß sich von
seinen Blättern und Rinde gantz und gar abgelöset hat /
herauß! Hernach rühret man das übrige / was in den
Kuffen ist/ vielmahls wieder umb/ und nachdem man es
sich setzen lassen / zapffet man alles oben darauff stehende

D 2   Wasser

Waſſer durch einen Hahn ab/ und die Hefen/ die am Boden der Gefäße liegen bleiben / werden auff Formen ge-
leget/die man an die Sonne/ſie zu trocknen/ſeꝫet. Dieſer
alſo zubereitete überbliebene dicker Saff iſt die Farbe/die
ſo hoch geſchäꝫet und mit den Nahmen Indigo benennet
wird.

Die vierdte Sorte der Kauffmanſchafft/ die man auß
dieſer Inſul ziehen kan / iſt die Baumwolle. Sie wächſet gemeiniglich auf einem Baum / der ſehr hoch iſt/ wie
ein Phirſichbaum/ und eine ſehr braune Rinde hat / und
kleine / in drey Theil getheilte Blätter: Er träget eine Blüthe die ſo groß als eine wilde Roſe / und geſtalt iſt
wie ein Glöcklein; welches von drey kleinen grünen und
ſpiꝫigen Blättern zuſamen gehalten und beſchloſſen wird.
Dieſe Blüthe beſtehet auß fünff Blättern / welche an etlichen Orten und nach beſchaffenheit der Land-art/ viol-
braun ſind / an andern Orten aber goldgelb. Sie haben
in ihrem Grund etliche kleine Purpur-farbene Striche /
und einen gelben Knopff/ welcher umbgeben iſt mit kleinen Zäſerlein von eben der farbe.

Auff dieſe Blüthe folget eine Frücht an der gröſſe wie
eine kleine Nuß / mit ihrer Schale / ſo Oval-Rund iſt.
Wenn dieſe Frucht reiff worden / iſt ſie außwendig gantz
ſchwarꝫ / und thut ſich durch die Gewalt der Sonnen
Wärme an unterſchiedlichen Orthen auff/ dadurch man
die vollkommene weiſſe Materie / welche ſie in ihr hat
unter dieſer rauhen Bedeckung/gewahr wird. Man findet in einer jeden Frucht 7 kleine Böhnlein / welche der
Samen des Baums ſind.

Es iſt noch eine andere art des Catun oder Baumwollen

len-Gewächſes/ das auff der Erden ſich herum zeucht wie
ein unangebundener Weinſtock/un̄ wird die Baumwolle/
ſo man davon ſamlet/ für die allerfeineſte gehalten. Man
kan von beyden machen/ Leinwand/ Barchet/ und allerhand leichte Zeüge / die in dieſen warmen Ländern ſehr
nützlich ſeyn/ und den Gewandmachern einen groſſen
Gewinn bringen würden/ wenn ſie ſich darmit bemühen
wolten.

Es iſt keine groſſe Kunſt dieſe ſanffte und nette Wahre zu bereiten/ daß ſie könne gearbeitet/ oder über See
geſchicket werden/ wenn man ſie nicht will auff der ſtelle
anwenden und zu Nutze bringen; Man hat nicht mehr
nöthig als die Materien auß dem geöffneten Knopff herauß zu ziehen/ die ſich faſt von ihr ſelber herauß ſtöſſet.
Und dieweil ſie mit den kleinen Körnlein vermenget iſt/in
welchen der Sahmen des Baums lieget/ und daran die
Baumwolle feſte ſitzet/ ſo hat man kleine Werckzeüge er-
funden/ die mit ſolcher Kunſt gemacht ſind/ daß bey be-
wegung eines Rades/ daß ſie umbtreibet/ die Baumwolle gantz ſauber an der einen und die Kernen an der andern Seiten herauß fallen/ darauff man ſie in Säcke mit
Gewalt einpacket/ daß ſie nicht viel Raum einnimt.

Uber die Anbauung dieſer viererley Sorten Wahren/
die den Einwohnern dieſer Inſul zu thun genug geben
können/ können diejenigen/ die Luſt zur Fiſcherey haben/
oder die ſich verſtehen auff die groſſen Fiſche mit Hargunē
zu fangen/ Schilde von Schild-Kröten auffzuſamlen/
welches eine gute Wahre iſt/ die allezeit ihr Geld gilt/ un̄
nicht verdirbet/ wenn ſie auffgehoben wird. Sie haben
auch gelegenheit/ wenn ſie ſich mit der Jagt erluſtigen/

D 3

und

und ihre Ergetzligkeit in den Wäldern suchen wollen / allerhand arthen Hartze oder Gummi zu samlen / und trauben / die von Natur an den Baumen auffwachsen / und
nach gelegenheit/ dessen was ihn vorkömt/ unzehliche andere Dinge zusammlen/ so beydes das Meer und das Land
herfür bringen / darauß sie ihren Nutz machen mögen.

Das ist also genug / den Titul dieses Capitels zu erweisen / und sehen zu lassen / daß die glückseligen Einwohner
dieser Colonie die Wahl haben in allerhand gar ehrlichen
übungen / welche verschaffen können/ daß sie ihr Leben
allda mit guter Gemachligkeit zu bringen; Wenn sie nur
ihre Hertzen zu GOtt mitten in diesen annemlichen Verrichtungen erheben/ und von seiner Hand allen guten
Fortgang ihrer Arbeit und Sorgen erwarten / und dan-
nenhero mit inbrünstigkeit alle Tage zu ihm sprechen:

  Laß deine Klahrheit uns / o GOtt regieren /
  Und unser Hände-Werck zum Ende führen ;
    Gesegne GOtt auch uns / und steh uns bey /
    Daß stets die Güte wird des Morgens neu.

Das X. CAPITEL.

Von dem gegenwärtigen Zustand dieser Insul / und von
der Regieruug / so allda bestättiget ist.

Hemnach/ was den gegenwertigen Zustand dieser
Insul anlanget / die letzten Berichte / die von
dannen kommen/ uns lehren / daß itzund bey 12
hundert Menschen allda sich befinden / welche alle mit
Zuckermachen/ oder Tabac/ Catun oder Baumwolle/ Indigo und Ingber pflantzen zu thun haben (welches die
aller gemeinesten Geschäffte der Einwohner dieser Insul
sind/

sind/ wie wir bereits angedeutet haben) und daß die
Holländer alle diese Verrichtungen desto besser ins Werck
zu richten/ Sorge tragen/ ihnen von zeit zu zeit Schwartzen auß Africa zu zuführen/ welche/ weil sie starck und
kräfftig/ und viel bequemer sind/die Arbeit außzustehen in
diesen warmen Ländern als die Europäer/denen sie so sie
zu ihrem Dienst kauffen/ viel Erleichterung und Nutzen
bringen.

Es ist auch gewiß/ daß die Schiffe/ so von dannen
vor weniger Zeit wieder kommen zu Flissingen/einen sehr
mercklichen Hauffen von allerhand oben angeführten
Wahren/so in dieser Insul gewachsen und gezeuget wor-
den/ abgeladen haben; Und daß auf bericht der Erfahr-
nen/ sie so fürtrefflich und auch so beschaffen gewesen/ als
irgend einige andere von dergleichen art/ welche biß dahero auß America ankommen.

So ist zu glauben/ daß die güte des Landes dieser Insul sehr viel mit thue zu den löblichen Eigenschafften und
allen Vollkommenheiten dieser Wahren: Man muß aber
auch das Lob und die Ehre dem Fleiß und Geschickligkeit
der Einwohner dieses neüen Walchern geben/ welche
nach dem Exempel der Alten/ die einer wachsamen und
überauß arbeitsahmen Natur waren/ gleicher gestalt sehr
sorgfältig sind/nichts zu vergessen an allem was zum auffnehmen ihrer guten Colonie, und zu erwerbung eines
guten Ruhms/ unter den Kauffleuten dienet und erfordert wird.

Was die Regierung dieser Insul betrifft/ so wird die
Gerechtigkeit und Policey allda mit aller Billigkeit/Ver-
stand und Gelindigkeit/ als man immer begehren möch-

D 4 te/

te / verwaltet / durch einen weisen Rath / darinnen der
Gouverneur und Präsident Directores sind/welcher rich-
tig an seinem bestimbten Ort und ordentlichen Tagen zusammen kömt / stets bereitfertig ist / und ohne viele Verzö-
gerung / alle Streitigkeiten / die unter den Einwohnern
fürfallen können/beyleget/und rathschläget über alles das-
jenige/ was zur Zierde/ Sicherheit/Ruhe und Wolstand/
Nuß und Vortheil der Colonie dienen kan. Im übrigen
bestehet dieser Rath auß einem Bürgermeister/ 5 Schöp-
pen/ einem Secretario/ und von dem fürnemsten Kriegs-
Officierern: Wenn aber durch den Segen des HErrn
diese Insul an anzahl der Leute wird mehr zunehmen// so
ist man des Vorhabens / allda die Justitz, die Kriegs-be-
dienungen und Policey in eben den Stand zu bringen /
als solche in den umbliegenden Eylanden üblich / damit
sie in allen Dingen regiret werde / so viel der unterscheid
der Oerter wird zulassen/nach den guten Gesetzen/ und allen löblichen Gewonheiten / welche sie biß auff diese Zeit
in einem blühenden Wolstand erhalten haben.

Die Kirchen in einer und anderer Sprache / so der
HERR allda versamlet / das ist/so wol in Holländischer
als Hochteutscher Sprache/werden verwaltet durch Pre-
diger oder Diaconos, eben wie in andern Orthen / mit
welchen sie vereinbahret sind / unter der Auffsicht der Zu-
sammenkünfften / von der einen und der andern Sprache / und unter der Verwaltung einerley Liturgie und
Kirchen-Zucht.

Was die Policey anlanget / so leidet man keine Faul-
länßer/ noch unnüße Brodfresser in dieser kleinen Regi-
ung / nicht anders als unter denen Bienen; sondern
gleichwie

Gleichwie der Mußiggang / welcher ein Rost oder Ver-
derb ist des Leibes und des Gemüthes / durch ein unwie-
derruffliches Geboth darauß verbannet ist: Also wird hin-
gegen die annehmliche und nützliche Arbeit des Acker-
baues allda mit ehren getrieben / wie unter den berühm-
testen und großmütigsten Völckern / derer Geschichte biß
auf uns kommen / welche offtmahls berühmbte Helden
von dem Ackerbaw genommen/denen sie die Verwaltung
ihrer Armeen anvertrauet / und die/ nachdem sie sothane
wichtige Ampts-Verrichtung wieder abgeleget/wiederum
voller Palmen und Lorbeer-Kräntze/ sich zu den beliebten
Anbau ihrer Felder begeben/allda sie ihre liebste Ergetzun-
gen nach ihren ruhmwürdigen Bemühungen gefunden/
daß sie auch in währenden Frieden daselbst die Lehr-Jahre
ihrer Kriege außhielten. Also daß man zu derselben güldenen Zeit sich nicht verwunderte / daß die Erde / so
durch so edle Hände gebauet wurde / den Sahmen in
allen Uberfluß und ohne ermüdung / den sie ihr vertrauet
wieder gab.

Ob schon auch die Einwohner dieser Insul ihnen für
eine Ehre schätzen / sich von ihrer Arbeit zu erhalten / und
daß sie mehr darauff mit Fleiß bedacht sind/ dasjenige in
acht zu nehmen/ was ihre Tische decken/ oder ihren Handel unterhalten kan / als was zu ihrer Wollust dienen/ o-
der ihren Fürwitz büssen möchte; So können wir doch
noch hierbey anfügen/ daß diejenigen/ so unter ihnen ihre
Beliebung haben an dem unterschiede der Landschafften
und aller vollkommensten Mahler-Künsten / oder an be-
trachtungen der Geheimnüssen der Natur / mitten in dieser Ruhe oder Eingezogenheit/ reichliche Vergnügung

D 5   ihrer

ihrer löblichen Neigungen und mächtige Anreitzungen
finden / die ſie veranlaſſen den Finger GOttes anzumer-
cken / und ihn zu dancken für ſo herrliche Zeügniße ſeiner
unendlichen Macht / davon er die Strahlen und offen-
bahrungen aller ſeiner herrlichen Wercke deütlich vorge-
ſtellet.

> Man mag ſich wenden
> Zu allen Enden /
> So findet man des HERREN Herrligkeit /
> Sein Ruhm erſchallt täg-ſtündlich weit und breit :
> Man kömt durch Spuhren
> Der Creaturen /
> Dahin/ daß man muß danckbahrlich erkennen/
> Der Schöpffer ſey recht Wunderbahr zu nennen.

Das XI. CAPITEL.
Von unterſchiedlichen Gegenden dieſer Inſul / die ſchon bewohnet ſind.

Diejenigen / die ihre Luſt an Jagen haben / und
dahero in dieſer Inſul umbher zu ziehen/ ſich gefallen laſſen / haben angemercket / daß nicht ein
einiger Ort/ von dem Ufer des Meers an/biß auf die Gipfel der höchſten Berge ſey / der nicht ſehr bequem ſey zu
Bauen / und da man nicht ſchöne Wohnungen anlegen
könne. Alſo daß dieſes Land (wie wir im erſten Capitel dieſer Beſchreibung angezeiget haben) ſehr weit ſich in ſeinem Umbfang erſtrecket / gar leichtlich eine ſo Volck-
reiche anzahl Leüte auffnehmen und erhalten kan / als eine von den andern Inſulen in der Nachbarſchafft / derer
ſchon zwo oder drey ſind/ da man vor ungefehr 15 Jahren 12 und 13000 Einwohner gezehlet / ohne darunter
zu begreiffen die Schwartzen und Slaven / welche ſtets
die-

dienende Knechte dieser Colonien, derer/ wie man sagt/
noch eine viel grössere Anzahl gewesen. Weil wir aber in
diesem Capitel vorhabens sind / nur eine kürtze Beschreibung zu thun der Oerter/die schon bewohnet sind/ wollen
wir genau nachfolgen der Ordnung und den Vorzug /
wie sie nach Zeit und Gelegenheit dies schöne Eyland bebauet / und anitzo wohnen.

Die erste Gegend/da diese Insul anfangs bebauet worden / ist diejenige / so man gemeiniglich die kleine Anles
nennet. Allda siehet man schon 10 oder 12 schöne Häu-
ser/ die von guten und festen Zimmerwerck gehauet/ und
mit kleinen Brettern von Cedern-Holtz/an statt der Dach-
Ziegel oder Schifferstein gedecket sind. Bey allen diesen
annehmlichen Wohnungen / die ihr Auß-Gesichte nach
der See und dem Lande zu haben / sind Plantagien oder
Baufelder von grossen Einbringen und vielen Frucht-tra-
genden Bäumen / welche sie zieren und schmücken. Die
Fischerey / von allerhand arthen Fische/ und die Jacht
der wilden Schweine / der Agantis, und der Fasanen /
sind allda in so grossem Uberfluß / daß sie die Einwohner
fast vor ihren Thüren antreffen / und keine Mühe bedürf-
fen/ weit darnach zu lauffen / nicht allein die nothwendigen Lebensmittel / zu Unterhaltung ihres Haußgesindes /
sondern auch die zur Ergetzung dienenden Dinge / die
man anderer Ohrten für groß Geld und mit viel Mühe
kauffen muß / sind allda häuffig verhanden. Man könte diesen Ort mit recht die Gegend der dreyen Flüße hei-
sen / weil ihrer so viel denselbigen befeuchten. Oder die
Gegend der Frantzosen / weil der meiste theil die auff des
Gouverneurs Verordnung allda wohnen/ sehr ehrliche
                                                    Leute

Leute von dieser Nation sind / welche freündlich und in grosser Einigkeit beysammen leben.

Eine Meile von dannen / und wenn man über einen ziemlich hohen Berg passiret / trifft man an die Plantage des Herren Cornelius Alard, welche unterschiedliche annemliche Höhen und überauß lustige ebene Felder hat/ welche mit allerhand Lebensmitteln und Zucker-rohr/das allda in Vollkommenheit wächset / bedecket sind. Es ist daselbst auch eine sehr schöne Mühlen / den Zucker-Safft außzupressen. Weil aber dieser Ort mit einem Fluß/der den Nahmen von Jacob de Cop hat / erfrischet wird/welcher in den grossen trockenen Wetter ohn unterlaß so starck als ein grosses Weinfaß/Wasser rinnen läset/ könte man gar leicht Wasser-Mühlen an denselben bawen / und so viel leichter / weil an vielen Ohrten daherumb Wasserfälle sind / da der Fluß mit Ungestümigkeit herab stürtzet/ und also bequem were / die Räder dieser Machinen zu treiben / die man gemeiniglich Zucker-Mühlen nennet / worzu man sonsten keine andere Treibe-Kunst von nöthen hätte.

Ein wenig weiter davon findet man die Plantage oder Baw-Felder des Hn. du Chelne , welche reichlich versehen sind mit allerhand arthen fruchtbarer Bäume/Zucker-röhr und Lebensmitteln/die zu Unterhaltung der schönen Familie , die ihm GOtt gegeben hat / erfordert werden/ zu einem Zeugniß/ daß ehrliche Frauen in America eben so Fruchtbar sind/ als in Europa. Sein Hauß/welches alle Bequemligkeiten hat/ die man wündschen kan/ ist eines von den aller-vollkomnesten in der gantzen Insul/ und im übrigen in einem solchen Stande/ daß es sich für

einer

arthey oder Einfälle der Wilden nicht
mit zwey kleinen Feldstücken und vie=
womit seine Kinder und Hauß=Be=
b mit sonderlicher Geschickligkeit um=
eftiget ist. Sein Land/ daß auch alle
n Fluß / deſſen wir hier oben gedacht/
eine Zucker=Mühle / welchen Zucker
auchet/ Brandtewein darauß zu ma=
rth geachtet wird / als selbiger in die=
ſt.

end siehet man die Plantage der Er=
le Cop, welche gezieret ist mit aller=
nen/ Lebensmitteln und Kauffmans
ß / eben wie die vorhergehende.

an in die Plantage des Herrn Iſaac
ſehr luſtiges und mit Ziegeln bedeck=
auff eine ſchöne ihm zugehörige Wie=
ran ſiehet Rind= und ander Viehe
e groſſe anzahl Volcks erhalten wer=
Früchtbarkeit des Landes mercklich
es Fluſſes vermehret worden/ der den
el Janſen hat / und daſſelbige an un=
en befeüchtet / die auch darneben ſo
ſſtig liegen/daß man Zucker=Mühlen
:/ derer Räder unauffhörlich durch
t des Waſſers/ ohne anwendung ei=
/ fönten getrieben werden.

dieſen Fluß kommen / fomt man zu
rrn la Fortune Haring, Lieutenant
/ in welchem dieſe Wohnung / die
auch

auch so wol als die andern / die wir beschreiben / gezieret
ist / mit begriffen ; Aber das Hauß / darinnen dieser wackerer Officier wohnet / hat dieses insonderheit / daß es
auf einer von Natur befestigten Höhe lieget und so feste
ist / daß man sie mit gar wenigen Unkosten in gute defension bringen kan.

An der Seiten dieser Wohnung siehet man die Plantagien der zween im Compagnie stehenden Sergeanten des
Quartiers / die bekandt sind unter den Nahmen der Herren Midaveres und Coton, die beysammen in einer so
holtseligen Vereinigung / und recht brüderlichen Ein-
tracht leben / daß / weil der HErr ihre Arbeit wol von statten gehen lasst / und ihre Heerde vermehret / sie sich vollkommen wol / nach des Landes Art befinden / versehen mit
Viehzucht / uñ mit allen andern / so man zu einer vergnüg-
lichen Wohnung wünschen könte / welcher der grosse Gott
des Friedens / nach seinen unwandelbahren Verheissungen / Segen und langes Leben verordnet uñ verheissen hat.

Nach denen Gütern dieser zween Gesellschaffter / folgen
die Plantagien der Herrn Cigaly, Pieter Copin, und anderer / biß auf 12 oder 13 an der Zahl / welche mit kleinen Bächen / die ihnen eine unvergleichliche Erfrischung
geben / befeuchtet werden.   Man siehet auch allda / wie
in den andern / eine grosse menge fruchtbahrer Bäume /
die ein sonderlich schönes und lustig Gesicht geben / indem
ihre Grüne gleichsam ein Schattirung giebet / so die weisse
farbe der Baumwolle erhöhet / welche nebenst andern
Wahren / die Einwohner dieser Gegend insonderheit zu
bawen / beflissen sind.   Sie haben alle sehr bequeme Häuser / derer die meisten mit Cedern-Holtz bedecket sind.

Von

Von dannen komt man zu den Flügel oder Seite der
Faulläntzer / alſo genandt / weil die Schildkröten biß zu
den Thüren der Hütten/ ja gar unter das Bette der erſten
Einwohner / ſo ſich daſelbſt niedergelaſſen hatten/ zu kan-
den pflegten/ und ſie nicht die Mühe nehmen wolten auf-
zuſtehen (wie man ihnen zumiſſet) dieſen guten Raub zu
ergreiffen / der ſich ihnen ſelber in die Hände gab/ ihre
Nahrung deſto leichter zu finden.

Man entdecket anjeßo an dieſem Ende die Plantagen
der Herrn le Petit Picard, Iſaac Bondon, Iohan Robin,
und etlicher andern ehrlichen Einwohner / welche / weil
ſie überauß wachſam und fleißig geweſen/ ihre Gärten un̄
felder wol zu bauen / und auß allen Dingen den Vortheil
zu machen/ ſo das Land und das Meer ihnen an die Hand
giebt / ohne Zweiffel werden zu wege bringen / daß dieſe
Gegend in kürtzer Zeit den alten Nahmen verlieren/und
gar einen neuen / dieſen entgegen geſetzten Nahmen / an-
nehmen wird.

An dem Grund eines Berges/ der an dieſer Ecken aus-
ſöſſet / werden angetroffen die ſchönen Wieſen der Hrn.
Campſins, auf denen man eine groſſe menge Rind und
ander Viehe zu ſehen hat / die ſich von Tage zu Tage vermehret. Dieſe Herren haben bey dieſer Wieſen ein ſehr
luſtig und feſtes Hauß/ ſo mit Ziegeln bedecket iſt/ bawen
laſſen. Und dieweil die Ebene / darauff es gelegen / viel
Anmuthigkeit hat / als welche mit einem lieblichen Fluß
befeüchtet wird / und mit unzehlich vielen ſchönen Bäumen gekleidet iſt / inſonderheit mit denen / ſo man Canel-
baum nennet/ welche einen gar guten Geruch geben und
ſehr bequem zum Bawen ſind / haben viel der alten Ein-
                                                    wohner

wohner / die ihre Häuſer und Pläße anderswo gehabt /
dieſelben verkauffet / und ſich in dieſe liebliche Gegend zu
wohnen begeben / die man anjeßo die Neue Straſſe nennet / weil man ſchon an der Seite / da der Fluß vorbey
flieſſet / bey 1 2 oder 1 3 bequeme Wohnungen ſiehet / die
mit Gärten und wol bepflanßten Feldern umbgeben ſind/
die einen überauß lieblichen Spaßier-gang machen.

Wenn man dieſe Ebene vorbey kommen / ſteiget man
auf einen Berg / deſſen oberſter Theil ohngefehr eine halbe Meile groß iſt / hernach gehet das Land niederwerts
biß an dem Strand des Meers / und beginnet den Haven zu machen / an welchen man den erſten Grund der
neuen Stadt geleget hat / die wir beſchreiben wollen/ ſo
bald wir die Gegend/ ſo vorher gehet / und füglich derſelben Vorſtadt machen könte / werden entworffen haben.

Sie beſtehet auß 1 0 oder 1 2 artigen Häuſern/ welche
alle nach der See zu gehen / und ihre Plantagien im Geſichte haben / die mit allerhand arthen Lebensmittel des
Landes überflüßig verſehen ſind/ und voller Baumwollen
Baume ſtehen / welche/ weil ſie allda vor dem Winde ſi-
cher ſind/ wunder wol eintragen Dieſe Gegend iſt auch
gezieret mit zwey groſſen und wohl gebaueten Wohnungen / deren eine dem Hn. Guiere Burmeſtere, zugehöret/
und die andere dem Hn. Govert Hermanſen, die ſo wol
gelegen/ und von den Schwarßen bedienet werden / daß
ſie auff ihren eigenen Grund und Boden/ Zuckermühlen
und Indigo-Werckſtädten bawen können.

Was die Ecken anlanget / die man Root-Clip Baye
genennet / kan man ſagen / daß dieſes eine von den aller-
luſtigſten und vollkommeſten WohnPläßen von der gan-

ßen

ten Neuen Welt / und daß man mit guten Fug und
Recht allda eine Stadt zu bauen angefangen / welche
man nach Gottes gnädige Willen sehr ansehnlich zu machen verhoffet / indem dieser Ort auch allen Vortheil hat/
wegen seiner Wolgelegenheit im Lande / den man wünschen kan / umb solchen zu den Gebrauch / worzu man
ihm außgesondert / tüchtig zu machen.

Die Lufft ist allda überauß annehmlich und wol tem-
periret. Der Boden fett und gleich/ welcher ohne Mühe
eine fast unglaubliche Menge schöner Früchte und allerhand Kauffmannschafften / so ins Land geben / herfür
bringet. Die Ebenen und Hügel / so darbey liegen / und
noch nicht eröffnet / sind bewachsen mit allerley schönen
fürtrefflichen Bäumen / welche überauß lieblich anzusehen / und so vielerley gestalten und Perspectiven machen/
als man immer erdencken kan. Die Ebene wird befeuchtet von drey merckwürdigen Flüßen und zween schönen
Brunnen / die ihren Ursprung an dem Fuß des nechst
gelegenen Berges nehmen / und klare Bächlein geben/
welche die Einwohner/so bereits sich allda niedergelassen/
wundersam erfrischen.

Diese Stadt bestehet nicht allein in der Einbildung oder
im Abriß auf der Charte , so man davon gemacht / wie
wir bereits anderswo erwehnet / sondern sie ist itziger Zeit
reichlich bebauet mit vielen sehr schönen Gebäuden, welche
nach dem Meer und der nah gelegenen Ebene sehen/ und
eine lange und breite Straße machen / welche von der
Zucker-macherey der Hrn. Lampsies anfänget / und sich
biß an deß Hn. Moris , Secretarii der Insul / seine erstre-
cken kan. ...

E   Oh

Ob schon die Gebäude dieser neuen Stadt ein wenig
eins von dem andern entfernet stehen/ solte man dennoch/
wenn man sie von fernen siehet/ sagen/ daß sie nahe an
einander stünden/ so wol wegen der schönen gestalt/ als
weil sie fast in einer geraden Linie auff einander folgen.
Die ansehnlichsten darunter sind die Kirche/ die Maga-
zinen/ das Hauß des Hn. Moris, und des Hn. Thomas
Demod, welche meistentheils mit Dach-Ziegeln bedecket
sind/ wie auch viel andere in ihrer Nachbarschafft/ welche gar leicht in den Begrieff dieser angehenden Stadt
mit eingeschlossen werden können.

Im übrigen kan man sie mit unvergleichlicher Leichtigkeit befestigen/ weil ihr Erdreich fett und thönicht ist/
und daher sehr gut/ Wälle und Bollwercke auffzuwerf-
fen/ auch alle andere Wercke zu machen/ welche erfordert werden/ einen Orth in gute Defension zu bringen/
darneben wird sie von den Wassern der dreyen Flüssen/
davon wir Meldung gethan/ beschlossen/ damit die Graben können angefüllet/ und von dasten gar leichtlich durch
Grafften in alle Gegenden der Stadt geleitet werden/ um
die Wahren desto leichter an das Meer zu bringen/ als
auch alle Gassen zu erfrischen/ welche davon grossen Nutzen und eine sonderliche Zierde empfangen können.

Wann diese Stadt inwendig mit allen/ was sie rühm-
lich machen mag/ reichlich kan versehen werden/ so können wir auch hinzu setzen/ daß ihre außwendige Vortheile
wol betrachtens werth sind. Die grossen Schiffe können
auf ihrer Rehde überall Ancker werffen/ und in aller
Sicherheit liegen zu allen Zeiten des Jahrs/ daselbst ihre
Wahren ein und auß zu laden/ ohne besorgung/ durch die
er-

erschreckliche Sturmwinde beschädiget oder zerscheitert zu
werden / welche die in der Insulen wohnende/ Orcans zu
nennen pflegen / welche alldar unbekandt sind / wie wir
in dem 14 Capitel dieser Erzehlung sagen wollen.

Umb zu verhindern/ daß die feindliche Schiffe nicht
auf dieser Rhede verbleiben können / und die Stadt vor
allerhand bösen Vorhaben zu bedecken / so haben die Einwohner auf einen kleinen erhobenen Hügel/ ohngefehr 50
Fuß hoch über der Erden/ eine Vestung bauen lassen /
woselbst der Gouverneur seine ordentliche Wohnung hat.
Diese bestehet in 4 regular-Pasteyen / auf deren jeder eine Batterie mit viel grossen Stücken Geschütz/ welche die
Stadt und das nahe daran gelegene Land beschützen und
alle Schiffe bestreichen können/ so sich erkühnen wolten in
diesen Haven einzulauffen / oder Volck an das Land zu
setzen / bevor sie nicht um Vergünstigung angesuchet und
dieselbe erhalten haben.

Diese 4 Bollwercke beschliessen in ihrem Bezirck die
Hauptwache / die Mittelwehr/ das Zeughauß/ so mit vielen guten Geschütz und andern zur Verthädigung dienenden Gewehr versehen ist/ wie auch des Gouverneurs Woh-
nung/ welche von Zimmer-Arbeit gemacht / und sehr bequem gebauet ist / und hat unten ein Stockwerck / so von
gebrandten Ziegelsteinen so feste und starck/ als es der Be-
dienung/ so er führet/ gemäß und würdig ist.

An dem Fuß eines andern Berges/ so gegen der Ebene
ist / da man die Stadt zu bauen angefangen / davon wir
reden / haben die Hrn. Lampsios eine Zuckermühle gebauet / die allerdings schön und vollbauet ist. Dieses seltzame Gebäude / so von dreyen Geschossen hoch ist / ist 80

E 2   Fuß

Fuß lang / und bey 40 Fuß breit: Alle Seülen und Balcken/ die es tragen / ſind von dem Holtz von Akouma, das Werck ſelbſten iſt von guter Zimmer-Arbeit / davon die fürnehmſten Stücken / die gantz von friſchen Holtze ſind/ ins Gewiterte 12 Zoll dicke und über 40 Fuß lang ſind. Es iſt bedeckt mit Dachziegeln / welche auf einen ſchönen Gibel ruhen / der auß einen guten Lagerholtz gemacht iſt.

Dieſes herrliche Gebäude / welche das Werck oder Zuckermühlen bedecket / und einen theil ſo darzu gehöret / hat neben ſich viel bequeme Häuſer / die eben ſo feſte gebauet ſind / daß eine iſt vor dem Commendanten der dahin geſetzet iſt / auf alle Wercke / ſo daſelbſt getrieben werden/ achtung zu geben; der Meiſter über die Zucker-macherey / der Schmitt/ und der Büttner oder Küper / haben jedweder ihre beſondere Häuſer. Man ſiehet allda noch zwo Gebäude / die gröſſer und weiter ſind als die vorigen; das eine davon iſt verordnet den Zucker zu reinigen / und das andere Brandtewein von den Zucker-röhr zu brennen. Alle dieſe Gebäude ſind mit Ziegeln bedecket/ wie auch das groſſe Gebäude/ welches die Mühle und die Keſſel bedecket.

Es ſind noch umb dieſen Ort/der die geſtalt eines groſſen Dorffes hat/ viel kleine Häuſer/welche zur Wohnung mehr als 80 Schwartzer dienen/ſo gebraucht werden/das Zucker-röhr zu pflantzen und zu warten / auch alle andere Arbeit zu thun die erfordert wird / ſo wol die Mühlen umbzutreiben / als auf die Keſſel im Kochen acht zu nehmen / worein man den auß den Zucker-röhr außgedrückten Safft ſchüttet/ihn zu den teſtand des Zuckers zu bringen/

hr merckwürdig ist / daß ist dieses / daß
edliche Wohnungen mit einem schönen
orden / der ihnen unvergleichlichen Nu-

luß / welcher an dem Fuß des Berges
en anhange / die Zucker-Mühle / darvon
t ist / ist noch ein lustiger Brunnen / der
t / so ins Meer lauffet / zwischen dem
haillon, eines von den Predigern in der
n. Heinrich de Gaint. Man siehet auch
einen schönen Platz / darauff die Herren
ß Magazin lassen auffrichten / welches
und Vorrath und Wahren / die zu Er-
nie nöthig / soll wol versehen seyn / das
ng für die neü-ankomenden dienen kan /
bestimte Oerter überkommen haben.
o Fuß von den letzten Flusse / davon wir
tspringet noch ein ander / welcher / nach-
let / in seiner Mitten zwo oder drey kleine
a man auch sehr wolgelegene Magazins
. Es ist zwar an dem / daß der Zufluß
mit diesen Flüssen vermenget / und ihr
Schritt gesaltzen machet / und den Sand
se kleinen Insuln zurücke führet. Aber zu
Saltz Wassers / kan man allda sehr leicht-
er- oder See-Fische fangen / die da an-
i diesen Wasser zu ergetzen / als welche
Süssigkeit ihres ursprungs behalten. Es
da sehr viel grosse Austern / welche denen /
eland bringet / nichts nachgeben.

Auf

Auf eben dieſen Berge/darauf die fürnehmſte Feſtung gebauet iſt / davon wir ſchon geredet haben / hat der Herr Gouverneur eine Zucker-Mühle bauen laſſen/die von ſehr feſter Zimmer-Arbeit und mit Ziegeln bedecket iſt. Er hat auch eine mercfliche anzahl Schwartzen in ſeinem Dienſt / und iſt mit allem wohl verſehen / was erfordert wird / einen vollkommenen Handel allda anzuſtellen.

Von der Plantage des Hn. Gouverneurs koͤmt man zu des Hn. Megge ſeiner/ der Feldmeſſer in dieſer Inſul iſt. Weiter hat man des Hn. Broͤue ſeine / deß Hn. Gouverneur Lieutenants, und die Zucker-Mühle des Hn. Moris, der Colonie Secretarii, welche ſehr wol angerichtet iſt / ſo wol wegen der Anzahl der Schwartzen/ welche allda die noͤthige Arbeit unter der Auffſicht des der ſolche zu regiren hat/ verrichten / als auch wegen der Beſchaffenheit der Gebaude/welche feſte und dermaſſen bequem ſind/ als man es in dem Land wuͤndſchen kan.

Es iſt zu mercken/ daß alle dieſe Oerter/ die wir inſonderheit beſchrieben / von der Zucker-Mühlen der Herren Lampſios an/ biß an deß Hn. Moris incluſivé, gezieret ſind mit ſchoͤnen Garten und ſehr luſtigen Häuſern/und ſo nahe bey einander liegen/ daß ſie gar leicht mit in den Begriff der Stadt koͤnnen eingeſchloſſen werden / man wolte ſie denn zu dem ende behalten/ daß man Vorſtaͤdte darauß machen koͤnte/ die eben ſo annehmlich und luſtig als die Stadt ſelber ſeyn wuͤrden.

Wir hatten uns vorgenommen / von hier zu andern Gegenden der Inſul fortzufahren/die uns noch zu betrachten üͤbrig und uns unterwegens nicht auffzuhalten: Weil aber dieſes Capitel gegen den andern zu rechnen/ all zu
weit-

weitläufftig werden würde / wollen wir alhier ein klein
wenig inne halten / und eine andächtige Pauſe machen /
indem wir mit Glückwünſchung zu den Einwohnern dieſer Colonie, derer Loß auff ſo liebliche Oerter gefallen/un̄
denen/ die Göttliche Verſehung ein ſo vortreffliches Erb-
theil angewieſen / unſre Hertzen und Hände gen Himmel
auffheben / und vor ihre fernere Glückſeligkeit inbrünſtig-
lich bitten :

Wirff deiner Augen Strahl/ GOtt ferner auff das Land /
 Daß deine Seegens-Spuhr wird allen recht bekant ;
Erfülle dieſen Wundſch. So wird diß Land dich preiſen /
Darin die Fruchtbarkeit ſelbſt deine Huld muß weiſen ;
Ach GOtt / das werthe Loß iſt recht gewündſcht gefallen /
Das hört man / Dir ſey Danck / zu deinen Ruhm von allen.

Das XII. CAPITEL.

Fernere Beſchreibung der Gegenden dieſer Inſul/
die ſchon bewohnet ſind.

WEnn man die Zucker-Mühle des Hn. Moris vorbey kommen / findet man 7. oder 8. Plantagen ,
welche verpfleget werdē durch die fleißige Sorg-
faltigkeit der Hn. Johan Caillou, Nicolaus Mal Ire, Sa-
muel Sterin , Marcus Maillard, Daniel Marius , Meiſter Heinrich und Johan Rovels. Alle Häuſer dieſer ehrlichen Einwohner machen ein ſehr annehmliches Geſicht
und ob ſie ſchon nicht gar weit von dem Meer abgelegen
ſind/ ſo haben ſie doch keinen Mangel an guten Waſſer
daß ihnen durch einem trefflich-ſchönen Bach reichlich
mitgetheilet wird / welcher ſeinen Urſprung nimt von der
Wohnung des Hn. Maillard , und von dannen durch

E 4   das

das flache Feld biß zu den Fluß des Hn. Timbergne, darein er sich ergießet / lauffet.   Dieser liebliche Brunnen
machet bey seinem Quell ein grosses Becken / 3 5 biß 40
Fuß in seinem Umbfang; in welchem er zu jederzeit mit
seinen Quellen ein sehr klares und gesundes Wasser / eines
Eimers starck / und mit so grosser Gewalt außgiesset /
daß so man es zusammen fassete / es gar wol ein Mühlen-
Rad treiben könte.

Nach der Wohnung des Hn. Rovels komt man zu des
Hn. Timbergue seiner / welche eine von den vollkomme-
sten und am besten eingerichteten ist in der gantzen Insul.
Sein Hauß und seine Zucker-Mühle sind nicht weiter von
dem Ufer des Meers als einen Mußqueten-schuß abgelegen / und gebauet an einen Abhange eines Hügels / so
auff eine schöne Ebene gehet / die mit einen zimlichen tieffen und geschwinden Fluß / Schlangen-weise durchdrun-
gen wird / der seinen Uhrsprung mehr als zwo Meilen
Landwerts ein von dannen nimt.   Man halt darfür / daß
unterschiedliche Oerter langs seinem Gange sind / da man
leichtlich schöne Wasser-Mühlen anlegen könte / so den
Eigenthümern grossen Nutzen bringen könten / entweder
mit Holtz-Sagen / oder Zucker-Röhr zu mahlen / oder
auch so man sich derselben zu andern Gebrauch bedienen
wolte.

Die gantze Ebene und der Hügel / die in dieser Plantage begriffen / sind reichlich mit Lebens-Mitteln und Zucker-Röhr versehen.   Die Gebäude sind feste / wohl eingerichtet / und mit allerhand Gewehr befestiget / die an-
fallenden / so allda einige Gewalt zu thun / sich unterstehen
solten / abzuhalten. Der Unter-Hoff ist mit allerley Bee-
                                                         sten

ſten und feder Vieh/ ſo man auch anderswo hält/ und
die man leicht in dieſen warmen Länder auffbringen kan/
verſorget. Das vornehmſte aber iſt/ daß der Hr. Timbergue, ſo Haußherr darüber iſt/ dieweil er ein wackerer
und ſehr wohl erfahrner Mann iſt/ und ſchon wichtige
Aembter in Braſilien bedienet/ vollkommen weiß/ wie
man ſich in denen Colonien verhalten muß/und nach ſeiner Weißheit und Großmütigkeit mit Ehren der Güter
gebrauchet/ die ihm GOtt gegeben/ in dem er mit groſſer Höffligkeit und Freündligkeit diejenigen/ ſo ihn beſu-
ſuchen/ bewillkommet.

Dieſe Plantage deß Herrn Timbergue hat zum
Nachbar des Herrn Antoine de Witt, welche in vielen kleinen Wohnungen beſtehet/ die er an ſich gekauf-
fet/ und die zuſammen vereiniget/ ein ſehr ſchön Erbguth
machen/ daß bey 400 und 50 Schritt breit/ und in der
länge ſich noch viel weiter erſtrecket. Uber dem/daß dieſer Ort viel einträget/und die darauff ſtehenden Gebäude
ſehr bequem ſind/ hat er noch recht in der mitten eines
Vortheil/ der nicht genug zu loben iſt/ nemlich eine fürtreffliche Brunquelle lebendigen Waſſers/ welche auß
einen Felſen entſpringet/ und ein groß Brunnen-Becken
macht/ ſo 15 oder 16 Fuß in ſeinem Umbfang weit/ und
7 oder 8 Fuß tieff iſt/ der auch in der allertrockneſten Zeit
mit ſo viel klaren uñ reinen Waſſer angefüllet iſt/als man
wünſchen kan.

An dieſem Ohrt deß Hn. de Witt ſähet ſich an die Gegend des groſſen See-Armes/ die eine halbe Meile lang
und ſehr wol bewohnet iſt; weil das Land allda ſehr dienlich iſt/ gute Lebensmitteln und Kauffmannſchafften her-

E 5   für

für zu bringen / und darbey noch dieſes inſonderheit hat/
daß es ſo eben iſt / daß man gar leicht mit Wagen fahren
kan. Die See-Seite iſt auch ſehr Fiſchreich/ die Schild-
kröte komt allda auffs Land biß für die Hauß-Thüren/uñ
das Gehöltze gibt an Jagt und Vogel-Wild ſo überflüßig
als irgend an einem andern Ort der Inſul.   Die Ebene
wird von dreyen Bächen befeuchtet/ die niemahls auß-
trocknen/und von zween Gieß- oder Regen-Bächen/wel-
che zu der Zeit des Regens ihr Waſſer mit ungeſtümer
Gewalt nach der See zu treiben.

Die Einwohner in dieſer Gegend haben ſich alle ſehr
wol geſetzet / indem ihre Häuſer auf kleinen erhobenen Höhen / und nicht weiter von der See liegen/ als ohngefehr
einen Mußqueten-Schuß/ alſo daß ſie das anſchauen
des groſſen Meers uñ der luſtigen Felder in aller Freyheit
genieſſen.   Ihre Häuſer ſind gemacht von dem Holtz A-
kouma, daß ſie an dem Ort gefunden haben : So ſie
aber dieſelben wollen mit Mauern außführen laſſen/ könten ſie es gar leicht thun / ſintemahl dieſe Ecken mit Stei-
nen bedecket / ſo darzu/ wie auch guten Kalck darauß zu
machen / dienlich ſind.   Die fürnehmſten Einwohner
dieſer luſtigen Gegend ſind die Hn. de Witt und Vaudin,
die Hn. Iacob Becuel, le Cupre, la Riviere, la Sale, Lo-
vis de Rohain, und ſein Vetter Iohan le Carpentier, und
Iacob Lombard.

Von dieſer Gegend komt man zu der groſſen Ebene /
die 3 Meilen lang iſt / welche/weil ſie noch nicht bewohnet / ſo wollen wir nur davon ſagen / daß weil das Land
allda ſehr früchtbar iſt (welches zu ſehen an allerhand arten fürtrefflicher Bäume / womit es bewachſen) ſo könte
man

man daselbst eben so schöne Plantagen anlegen/ als an ir=
gend einem andern Ort dieser Insul. Und weil das Land
aller Orten sehr eben und gantz bequem Wasser zu halten/
könte man daselbst sehr leichtlich Ziehe=Brunnen und Ci=
sternen graben/ die den Mangel der Brunquellen und
Flüße/ wormit es nicht versehen ist/ ersetzen könten. Man
kan diesen langen Weg unter den Schatten der Bäume
reisen/ oder so man den Strand des Meers nachfolgen
will/ so kömt man an einen Ort Tanaïre genandt/ allda
der Hr. Michaël Ursin eine sehr annehmliche Wohnung
von Holtz Akourna gebauet hat.

Ob schon dieses Hauß ein wenig abwerts lieget/ hat es
doch alle Bequemligkeit/ die die Natur und Fleiß gleich=
sam umb die Wette daran gewendet/ umb die Leute da=
hin zu locken/ gerne allda zu bleiben/ und ihre Zeit daselbst
mit vieler Ergetzligkeit zu zubringe; Man siehet allda am
hellen Tage die Schildkröten auf dem seichten Grunde des
Meers spielen/ von dannen die jenigen/ welche sie mit
Häcken zu schiessen wissen/ selbige auff den Sand herauß
oder in ihre Canots oder kleinen Schifflein ziehen; Die
andern Fische/ die gemeiniglich an dieser Seithen sich
finden/ lassen sich auch fast ohne Mühe fangen/ mit Netzen
oder Angeln. Die Jagt wird auch allda mit so glückli=
chen Fortgang angestellet/ als man wünschen mag/ und
hat man nicht nöthig/ weit darnach außzugehen.

Das aller merckwürdigste aber ist/ daß man nicht auß
dem Bezirck dieses Hauses herauß gehen darff/ da die
Felder/ so es umbgeben/ und wol gebauet sind/ mit über=
fluß allerhand guter Nahrungs=Mittel/ welche zu unter=
haltung des Hauswesens erfordert werden/ geben/ und
daß

daß das Waſſer / ſo zu erfriſchung des Menſchen uñ des
Viehes nöthig iſt/ auß einen ſo trefflichen Ziehe-Brunnen
zu nehmen iſt / der ſolche Quellen hat / die nimmer vertrocknen.   Es hat auch noch dieſes beſonderlich/bey dieſer Wohnung/daß ſie in ihrer Nachbarſchafft ein mercklich groſſe menge Stachelichter Palmenbäume hat / davon wir an ihren Orth meldung gethan haben/ woron
der Eigenthümer zu allen Zeiten einen ſehr geſunden und
überauß wolſchmeckenden Wein einſamlet/womit er diejenigen / ſo ihn beſuchen/ zu beſchencken pfleget.

Die annehmliche Geſtalt dieſer lieblichen Einſamkeit
zu erweitern/hat der Hr. Urſin, der ſeine groſſe Ergeßung
daran hat / mitten in dem ſchönen Gehöltze / ſo um dieſelbe herſtehet/einen gantz geraden und ebenē Zugang durch-
hauen und machen laſſen / welcher auff den Weg führet /
der zu der Sand-Spißen ſich hin ziehet / und mit ſo vielen überauß luſtigen Bäumen bedecket iſt / als man ſich
immer einbilden kan.   Denn die Natur hat den Ort mit
der allerſchönſten und anmüthigſten Grüne/mit den aller-
lieblichſten Schatten / mit einer gar erfreulichen Kühlung ſo reichlich begabet/ als der Fleiß und Sorgfältigkeit der Menſchen an andern Orten mit unmäßigen Un-
koſten und vieler Mühe und Arbeit immer zu wege bringen können.

Die Gegend/die man Pointe de Sable, oder die Sand-
Spiße heiſſet / iſt ſehr ſteinichte: Aber dennoch wachſen
die Lebensmittel / das Zucker-Röhr / und allerhand Sorten anderer Wahren / allda nach Wunſch / und darneben hat man auch alles was man ſich einbilden kan : Alſo daß die Einwohner/ ſo allda ihre Plantagen gemachet/

Ur-

Ursache haben/ sich deßhalben zu rühmen/ und willig-
lich das Land zu bauen/ welches mit so grosser Mildigkeit
und reichen Uberschuß die Arbeit ihrer Hände erstattet uñ
belohnet.

Die Häuser die man allda gebauet sind/ sind dichte und
starck und ihrer Gelegenheit halber feste/ weil sie auff
kleinen Hügeln liegen/ und der Weg darzu sehr enge ist/
welcher gar leicht zu beschützen/ daß man nicht nahe dar
zu kommen kan.   Es sind ihrer an der Zahl 10 oder 12/
welche fast alle mit Zieh-Brunnen oder Cisternen wohl
versehen sind/ und so ja derer etliche seyn/ die keine haben/
die können ihr Wasser hohlen an dem Fuß einer kleinen
Festung/ die man vor weniger Zeit an diesem Ort gebauet/
welche Wasser genug hat/ zu aller Zeit die gantze Nach-
barschafft zu erfrischen/ welche auß gar ehrlichen Leuten
bestehet/ die da GOtt fürchten und Ihm in Geist und in
der Warheit nach seinem heiligen Wort dienen.

Diese Insul ist nicht bewohnet von der Sand-Spitzen
an/ davon wir jetzt geredet haben/ biß an die Spitze de
Caron; Es ist aber an dem/ daß man zwischen diesen beyden Spitzen vor weniger Zeit eine Redoute auffgebauet/
eine Parthey Soldaten hinein zu legen/ welche verhindern sollen/ daß die Indianer in dieser Gegend nicht landen können.   Deñ ob man wol gerne siehet/ daß die Einwohner mit diesen Barbaren in guten Verständniß leben/
Handel und Wandel treiben/ um sie dadurch zu zähmen/
und zu der Erkäntniß des wahren GOttes auf alle milde
Wege der Sanfftmuth und Christlichen Liebe zu ziehen:
Jedoch wil man nicht gestatten/ daß sie auff das Land
kommen/ wo sie nicht bey dem Herrn Gouverneur umb
dessen

deſſen Vergünſtigung angeſuchet und dieſelbe erhalten
haben

Die Pointe oder Spitze de Caron nebenſt derjenigen/
darauff die Veſtung de Beveren ſtehet/ welche ſich gar
nahe an der Gegend erhebet/ da man einen Entwurff
noch eine andere Stadt/ unter dem Namen Neü-Fliſ-
ſingen zu bauen/ gemachet/ wie wir nachgehends melden
werden/ machen einen ſchönen Arm/in geſtalt deß zuneh-
menden Monds/welcher eine guten und ſicheren Auffenthalt allerley Schiffen giebt. Man findet auch auf dieſer
Pointe de Caron alte verfallene Mauern einer Feſtung/
welche die erſten Einwohner/ die dahin von der Jnſul
Walchern geſchicket worden/ angefangen hatten. Es
ſtehen auch daſelbſt eine groſſe anzahl Pomerantzen und
Citronen Bäume/ die ſie daſelbſt gepflantzet hatten.

Dieſer Arm/ der einen ſandichten Grund hat und ſehr
bequem iſt den Manioc, die Patates und alle andere Lebensmittel und Kauffmannſchafften des Landes herfür zu
bringen/ hat jetzund eine merckliche anzahl guter Einwoh-
ner/ welche daſelbſt ſehr ſchöne Häuſer gebauet und Plantagen angeleget haben/ die ihnen ihre Sorgfältigkeit und
Mühewaltung wohl bezahlen. Sie werden von zween
Flüſſen befeuchtet/ welche ihren Urſprung ziemlich weit
im Lande hinein nehmen/ und nach dieſen Arm zu flieſ-
ſen/ der ohngefehr eine halbe Meile in ſeinem Umbfang
hat. Der eine von dieſen Flüſſen theilet ſich in zween
Arme/ deren einer ſein Waſſer in die See mitten in ihrer
Schoß ergieſſet/ und der andere/ nachdem er dieſelben
in ſeiner Lange gantz durchgangen/ ſo kompt er an die
Feſtung de Beveren, davon wir albereit im 11 Capitel
dieſer Beſchreibung geredet haben.   Die-

Diese Festung ist angeleget auf einem Stein=Felsen/ welcher/ wie man nicht darzu kommen kan / an welchen Ort man sie auch angreiffen wolle/also wird sie auch noch von dem Meer und von diesen süssen Wasser=Fluß bestri= chen / den wir itzt beschrieben haben / welche einen weiten und tieffen Graben geben/in gestalt eines halben Monds. Die Situation dieses Orts/ welcher vollkommentlich über den benachbahrten Haven und über eine Stück oderZun= ge Landes / darauff man Neu=Flissingen zu erbauen wil= lens ist / commandiret / liege so vortheilig / daß nach dem Urtheil aller derjenigen/ die sich auff Festungs=bauen ver= stehen/ man ihn mit wenig Kosten in denStand bringen könne / eine mächtige Armee darvon abzuhalten.

Diese Festung wird von keinem Gebirge noch einiger benachbartenHöhe commandiret/ und die Wasser/die sie geben und die härte des Felsen lassen nicht zu/ daß man sie Unter=miniren noch sprengen könne. Wenn man hin= ein wil / muß man über den Fluß / und auf einen kleinen Fußsteig hinauff gehen / den man in demselben Steinfel= sen eingehauen / welcher so enge ist / daß nicht mehr als ein Mann gleich für sich durchkommen kan / also daß die Soldaten/ die den Ort verwahren / nicht viel Mühe be= dürffen/ diesen Zugang zu beschützen / und zu verhindern/ daß jemand hinein komme. Er ist auch mit vielen gros= sen Stücken Geschütz / die 15 biß 18 Pfund tragen/ver= sorget/welche denHaven/ die Rhede/und den gantzenOrt in Sicherheit halten.

Das Meer/ so an diesen Arm anstösset/ ist so überflüs= sig an allerhand guten Fischen/ daß man nicht mehr als einmahl das Netz außwerffen darff/ davon eine angeneh=
me

nie Probe zu haben; Und das Land ist so fruchtbahr an
Pomerantzen/ Cittronen/ Goyaves/ Bacoves und Bana-
les / daß die Soldaten / so die Festung bewehren / und die
frembden Schiffe oder andere die auff diese Rhede zu liegen kommen / ursache haben sich zu erfreuen / wegen
so vieler Erfrischungen / die das Land und die See ihnen
mit so grossen Freygebigkeit darbietet.

Die Gegend die man gemeinlich Neu-Flissingen
heisset / begreiffet in ihrer Grösse einen Spitze oder Zunge deß Landes / so eine halbe viertel Meile in die See gehet / und unter den Geschütz der Festung de Beveren lieget die Jhr an stat der Citadelle dienet. Diese Gegend/
welche fast die gestalt einer Insul hat / ist itzo mit Lebens
Mitteln bepfläntzet / und der in der nahe liegende Berg
ist gantz mit Zucker-Röhr bedecket / welches die Hn. Lam-
pfius alda unterhalten lassen / umb einer schönen Mühlen und noch einer andern Zucker Werckstädt / die sie
unter der Festung/ die wir jetzt beschreiben / bauen lassen/
Werck zu geben.

Sehet also eine kürtze und eigentliche Beschreibung
aller Gegenden dieser Insul/ die biß dahero endecket sind:
Worauß der Verständige Leser / so es ihn beliebet / abnehmen wird / daß diese Colonie von Tabago nicht in
schrecklichen und undurchdringlichen Wäldern/ noch in
hohen jähen Bergen / die nicht bewohnet werden können/
noch in dürren und unfruchtbaren Sandbäncken bestehe:
Sondern in einen überauß Früchtbahren/ mit köstlichen
Höltzen gezierten / und mit vielen schönen Flüssen und
klaren Brunnquellen befeuchteten Lande/ welches so reichlich die Hoffnung derer / so es bauen/ erfüllet / daß es ihnen

nen ohne vielMühe nicht allein die Dinge/so nothwendig
zurNahrung/zur Kleidung und unterhaltung des Kauff-
handels sind: sondern auch allerhand Ergetzligkeiten in
einem sehr reichen Uberfluß darbietet. Also daß wir um
dieses Capitel zu schliessen / eben wie in dem vorhergehenden durch unser demüthiges Gebett GOtt den Herrn
ersuchen / daß er zuförderst diese schöne Insul an anzahl
und menge der Einwohner / und diese dann an allen heiligen Gaben seiner Gnade wolle lassen wachsen und zu-
nehmen:

Der HERR (so wolle der/der da vorbey geht sagen)
Der HERR behüte dich/ für Noth/für Angst/für Plagen/
Du reich beglücktes Land! ER lasse seinen Seegen
Zu deiner Ernte Zeit/ dir allezeit begegnen;
    Die liebe Vatter-Huld/ die mache dich bewust/
    Was Schatz du in dir hält'st/ du Seegens-volle Brust.

Das XIII. CAPITEL.

Von den Nützen und Vortheilen/ so man auß dieser Insul zu gewarten/und von ihren sonderlichen Eigenschafften.

Dese Insul / wie auch die Insul Maltha, und
etliche andere in den Antilles , hat diesen
mercklichen Vortheil / daß sie keine gifftige
Thiere ernehret. Es ist zwar nicht ohn / daß man
allda überauß ungeheure Schlangen 12 oder 15 Fuß
lang siehet/ die ein erschrecklichen Kopff und überauß
grossen Rachen haben: Aber über dieß/daß sie die Flucht

nehmen / wenn ſie den Menſchen begegnen / und daß
man nimer gehöret / daß ſie ihnen jemahls keinen Schaden zugefüget / ſo ſchlagen die Schwartzen / wenn ſie dieſelbigen mit ihrem Vortheil antreffen / dieſelbigen todt /
ſich mit ihrem Fleiſch zu nehren / welches / wie ſie ſagen /
eben ſo lieblich und wohlſchmeckend iſt / als daß von den
beſten Fiſchen. Sie verwahren auch die Haut von dieſen
erſchrecklichen kriechenden Thieren / die jenen damit zu
bedienen / ſo auß Curioſität dieſelbigen hoch achten / wegen der bundten und vielfärbigen Schupen / damit ſie ſo
wunder männigfältig und mit einer ſo prächtigen Vermiſchung gezieret ſind / daß kein Gold geſtickter Zeug noch
Taffet auß China ihnen zu vergleichen iſt.

Was noch mehr zu verwundern / und ein ſonderlicher
Vortheil die Handelung in dieſe Inſul zu ziehen und zu
erhalten / iſt / daß die Einwohner auß guter Erfahrung
haben / daß dieſelbige den erſchrecklichen Stürmen / welche die Indianer Orcans nennen / die an andern Orten
ſo viel Schaden thun / nicht unterworffen iſt. Wir wollen nicht fürwitzig unterſuchen / wie es ſeyn könne / daß
alle andere Eylände in den Antilles, dieſer allgemeinen
zuſammen-Rottung der Winde unterworffen / dieſe aber
allein ſolle davon befreyet ſeyn / und ein vollkomene Meer-
Stille genieſſen / indem die gantze Nachbarſchafft in Un-
ruhe und Verwirrung ſtehet / die auf ſolche Zerrüttung
gemeiniglich erfolget; Sondern dieſe außer ordentliche
Wirckung GOtt dem HErrn zuſchreiben / der der wahre
Uhrheber derſelbigen iſt / und ihn alle Ehre dieſes herrlichen Wunderwercks geben / und nur mit Verwunde-
rung über dieſe herrliche Freyheit / welche ſeine heilige
Ver-

Verfehung dieser Inful mittheilen wollen/ fagen : Daß
diefe fo plößlichen und gewaltigen Winde/ die an andern
Ohrten die Häufer umbwerffen/ und die allerhöchften
Bäume mit ihren Würßeln außreiffen/ herfür kommen
auß der Schaßkamer feiner unerfchöpfflichen Allmacht ;
daß alfo diefelben/ indem fie keine andere Gewalt haben/
als die ER ihnen zubläfet/ anders nicht wehen als wohin feine allein weife Ordnung und Befehl fie anweifet/
darinnen fie dann unverbrüchlich die Gränßen/ die ER
ihnen gefeßet / in acht nehnen.

Wir können auch unter die allernüßlichften Vortheile
diefes Eylandes rechnen / daß faft nicht ein einiges in der
Neuen Welt fey/ welches nach feiner Erftreckung/ fo viel
klare Spring-Brunnen haben als diefes. Denn über
diefe/ davon wir allbereit geredet in Befchreibung der un-
terfchiedlichen Gegenden diefer Inful / welche fchon bekandt und bewohnet find / von der Veftung de Beveren oder Neu-Flißingen an/ biß an den Arm/ den
man nach Johan de Moors nennet/ hat man ihrer noch
fünffe / welche ihre Wäffer ins Meer tragen/ und diejenigen / welche weiter nach den Norden und Morgen
diefe Inful durchzogen / erzehlen beftändiglich/ daß faft
aller Orthen rinnende Flüße und Bäche find/ welche die
Ebenen und die Thäler wunderfam erquicken.

Es ift wahr/ daß eine annehmliche Ebene/ davon wir
im vorhergehenden Capitel geredet/ dafelbft ift / welche
bey 3 Meilen lang/ und faft dergleichen Breite hat/ da
weder Fluß noch Brunnquell ift/ die fließend find. Aber
über dem/ daß diefen Mangel zu erfeßen/ man dafelbft
aller Orthen Ziehe-Brunnen und Eifternen/ gar fehr
                    F 2   leich-

leichtlich graben kan : Findet ſich gleich mitten auf dem
Wege/ welcher von der Gegend des groſſen Arms (grand
Anſe) biß an die Pointe de Sable , oder Sand-Spitze ge-
het/ ein Baum von ſo wunderſeltzahmer Gröſſe/ daß kaum
6 Männer ſeinen Stamm umbfaſſen können/ welcher
dieſes Wunder an ſich hat/ daß ſeine Wurtzeln/ deren
eine mit der andern durch ein ſonderbahr uñ unvergleichlich Kunſt-ſtück der Natur zuſamen in einander gebundē
und gewunden ſind/ in ihrem Schoß eine geſtalt eines
ſeltzamen Brunnens machen/ 12 oder 13 Fuß tieff/ der
auch in der gröſſeſten Hitze des Sommers überflüßig mit
einem ſo klaren und ſo friſchen und fürtrefflichen Waſſer
angefüllet iſt/ als irgend ein Brunnen/ der in einem beſchloſſen Ort dieſer Inſul ſeyn mag. Daher es geſchicht/
daß allezeit unter den Schatten dieſes ſchönen Baums/
und ſeiner groſſen und dichten beblätterten Zweigen/ welche dieſen unvergleichlichen Brunnen lebendigen Waſ-
ſers bedecken/ diejenigen/ ſo von einem Ort zum andern
reiſen/ ihre Ruhe und Mahlzeit einzunehmen/ und ſich
nach ihrer guten Muſſe darbey zu laben und den Durſt zu
löſchen pflegen.

Die ſchönen Haven und gantz ſichere und ſehr bequemē
Rehden/ allerhand arthen Schiffe in ſicherheit zuhalten/
ſind auch in groſſer Anzahl allda/ ſo wol an denen Uffern
als an denen ſchönen Armen/ und inſonderheit an der
Weſt-Seiten/ allda dieſe Inſul wol bewohnet iſt/ wie
wir in dem vorher gehenden Capitel mit mehrern angezeiget haben. Aber über die Rheden und Haven/ die
wir benennet haben/ wenn man von dem groſſen Meer
komt/ an dieſem Eylande anzulanden/ (nachdem man
klein

klein Tabago vorbey gefahren / welches eine kleine Inful
ist / so ohngefehr eine Meile in ihren Umbfäng hät / auff
welche der obgedachte Secretarius Ziegen und Böcke setzen lassen) komt man zu dem Arm der Cul de Sac genant/
woselbst die Schiffe vor allen Winden bedeckt seyn könne/
weil dessen See-Busem gantz / außgenommen die Ein-
farth / mit ziemlich hohen Bergen umbgeben ist. Auf diese
Bay folgen noch drey andere/ die man antrifft/ ehe man
zu derselben komt / so man la grand Anse heisset.

Diese Inful hat auch viel annehmliche Wiesen / die
eine grosse Menge Viehes ernehren könten ; Worunter
zwo sehr fürtreffliche sind / deren eine / die man gemeinig-
lich/ nach der InfulSprache/die grosse Savanne heisset/
bey zwo Meilen in ihrem Umbfang hat / die andere aber
ist nur eine halbe Meile groß ; Das Kraut/ so auf der einen und andern wächset / ist sehr dienlich die Kühe zu futtern und ihnen viel Milch zu geben / davon man Butter
und Käse machen kan / welche an ihren guten Eygen-
schafften denen/ so man auß Holland bringet / nichts
nachgeben / gestalt solches die Einwohner dieser Inful/
auß angenehmer Erfahrung gnugsahm erlernet.

Unter denen sonderbahren Sachen dieser Inful müssen
wir nicht vergessen / den Auster-Meer-Arm / der anzu-
treffen ist/ wenn man von der Ebene zu der Wohnung
des Hn. Louys Ursin gehet. Diese Gegend hat dieses
merckwürdige und sonderbahre/daß weil sie mit Bäumen
besetzet ist/ die etliche ihre Wurtzeln in das Meer stossen/
so hengen sich bey Hunderten sehr fürtreffliche Austern
daran / also daß man mehr Mühe nicht nöthig hat / als
die Wurtzeln abzuschneiden / welche sehr weich/ und mei-

F 3

sten-

ſtentheils nicht dicker als ein Daumen ſind / derſelben ſo
viel als man wil / herauß zu ziehen. Es ſind ſolche
allda verhanden / die eben die geſtalt haben/ als die man
an der Engliſchen Küſten fiſchet / die auch eben ſo groß
ſind / und ihnen an niedlichen Geſchmack nichts bevor
geben. Und andere / die etwas platter ſind und weiniger
Fleiſch haben/in dieſen findet man offt die kleinen Saam-
Perlen.

Weil dieſe Inſul unter der trockenen Zona lieget/wie
auch der gröſſeſte theil von America, bilden ſich ihrer viel
gäntzlich ein / daß die Hitze allda ſo überauß groß/ daß ſie
gantz unerträglich ſey / aber nebenſt dem/ daß dieſe Hitze
nicht viel gröſſer iſt als in Franckreich im Somer Tagen/
und daß der Thau / der bey der Nacht fällt / und die küh-
len Winde/ die den Tag über wehen / die Lufft wunder-
ſahm erkühlen/ wie wir ſchon vorher im erſten Capitel
dieſer Beſchreibung geſagt haben: ſo regnet es auch daſelbſt offt ſo liebliche und überflüßige Regen / daß dieſelbigen allda eine gar annehmliche Witterung verurſachen/
und wenn die Bluhmen verblaſſen / und die Blätter der
Bäume und der Kräuter zu verwelcken ſcheinen/ſo geben
dieſe Regen in einer Nacht den Bäumen ihre Grüne /
den Blumen ihren Glantz / und die männigfältige ſchöne geſtalt den Kräuter und Gewächſen wieder.

Wir wollen alhier nicht wiederholen / was wir an andern Orten weitläufftig gnug angeführet/daß dieſes Land
faſt eine unglaubliche Menge ſo herrlicher und zur Nahrung der Einwohner dienliche Früchte trägt / daß ob
daſſelbige auch gar keine Erfriſchungen auß Europa bekä-
me/ es dennoch gnugſam iſt / deſſen Einwohner nicht
allein

allein mit Nahrung und Kleidern / damit ein Glaubiger
sich begnügen kan / sondern auch mit unzehlichen Ergetzligkeiten zu versehen.   Wir wollen noch hierbey anfügē/
daß gleichsahm durch eine Zugabe der Freygebigkeit des
Himmels / man allda auch Blumen pflücken / und unendliche Anmüthigkeiten finden kan / welche ein gantz
sonderlich Vergnügen geben können/ denenjenigen / welche die Zeit und Weile nehmen wollen / dieselbige mit
fleissiger Auffmerckung zu betrachten / und sich mit Him-
lischer Dancksagung derselbigen gebrauchen.

Was die Blumen belanget / welche fast zu allen Zeiten des Jahrs die meisten Bäume und Kräuter herrlich
zieren / davon haben wir an ihrem Ort geredet : Es sind
aber noch gewisse Lienes (wie man sie in der Insul Sprache nennet) welche auf den Sträuchern und Büschen sich
umher ziehen / die da überauß liebliche Bluhmen tragen /
welche einen unvergleichlichen Geruch von sich geben.

Es sind auch daselbst dreyerley Art Lilien , die einen
sind Pomerantzen-farbig und denen gantz gleich an gestalt
und farbe / die man in Franckreich siehet. Die andere
Art träget 6 oder 7 lange und schmale Blätter / die herab-
werts sich neigen / und eine gestalt einer Krohnen gleich
machen / welche/ wie sie das Gesicht durch ihre unvergleichliche Weisse / also auch den Geruch sehr liebliche
und annehmlich vergnüget. Aber die dritte Art / so
die aller anmüthigste ist / wächset auff einen Stamm /
oder dicken Zweigen eines dieser schönen hoch-schätzbaren
Bäume / womit diese Insul herrlich geschmücket und gezieret ist.

Dieses seltzame Gewächs / so von einer so herrlichen
F 4   und

und starcken Seule getragen wird / welche verhindert /
daß sie von denen vorüber gehenden nicht zertretten oder
zerdrücket wird / kömt empor durch dicke Zweige und Büschel / mitten in seinem Stängel / eben als wie die Käy-
sers Crone oder Mäyen Blümlein.

Es ist auch nicht ohne Ursache / daß die Einwohner
dieser Insul sehr viel halten von einem auf der Erden
fortwachsenden Weinstock / der eine Himmel-blaue Blume träget / so groß als unsere Tulippen / und eines sehr
lieblichen Geruchs ist. Auf seine Blumen / die auch die gestalt einer Glocken haben / wenn sie abfallen / folgen gewisse Früchte / wie die kleine grüne und glatte Apffel / die
einen Sauer-süssen Safft haben / der so erfrischend und
so anmüthig an Geschmack ist / wenn man dessen gewohnet wird / daß nicht eine einige Früchte in allen Antilles
ist / die dienlicher den Durst zu löschen / den Appetit zu
erwecken / und eine liebliche kühlung im Munde zu hin-
terlassen als eben diese.

Weil dieses Land mit so vielen seltzamen Blumen gezieret ist / so ist es dann kein Wunder / daß die Bienen
sich so gerne da finden / sintemahl sie so leichtlich und ü-
berflüßig diese süsse Materie / welche sie anderweit mit so
grosser Begierde suchen / ihren Hönig und Wachs darauß zu machen / alldar antreffen und finden. Sie sind
ein wenig kleiner als die wir dieser Orten haben. Wenn
ihr Leib gegen der Sonne gesehen wird / so scheinet er /
wie auch die Flügel / viol-braun zu seyn. Sie haben noch
dieses sonderlich an sich / daß man ohne einige Gefahr
mit ihnen umbgehen kan / weil sie keinen Stachel haben.
Sie setzen ihre jungen Schwärme in die holen Bäume /

allda

allda sie auch ihren Hönig und ihr Wachs bereiten. Und
ob schon diese Bienen in America umb so viel kleiner sind
als unsere / so sind sie dennoch nicht weniger munter und
nahrhafftig / denn man verspühret / daß sie täglich in
ihrer süssen Arbeit beschäfftiget sind. Man weiß auch
auß der Erfahrung / daß sie sich gemeiniglich gerne auff
den überauß grossen und dicken Baumen auffhalten / die
wir in den 4. Capitel dieser Beschreibung unter dem Namen Milleped beschrieben haben / dieweil diese sinreiche
Bienen insonderheit die Löcher oder Hölen suchen / die
sich in derselbigen Zweigen oder in den Stämmen finden /
um daselbsthin den Vorrath ihrer süssen Schätze in sicherheit zu bringen / und ihr Geschlecht allda fortzupflanzen.
Man hat nicht viel Mühe / diese ihre verborgene Oerther
und Nester zu finden / sintemahl die summenden Schild-
wachen / die sie vor den offen stehenden Löchern ihrer
Wohnungen zu setzen pflegen / sie genugsahm entdecken.
Von ihrer Arbeit nun einen Nutz zu machen / schneidet
man die Zweige / die sie ihnen außerlesen / ab / hernach
nimt man den Honig herauß / welcher weiß / und eben eines so süssen und fürtrefflichen Geschmacks ist / alß der
den man uns auß Provence in Franckreich bringt. Er hat
aber dieses an sich / daß weil er überauß flüßig ist / er leichtlich außfliesset / wenn man nur gar ein wenig die kleinen
Wachs-Fächlein / darinnen er eingeschlossen ist / verletzet.
Der Herr Chaillon sagt uns / daß er dessen eine Kanne
voll auß jedweden Zweige / den er abschneiden lassen / bekommen habe. Das Wachs / welches dahinden bleibet /
wenn man den Honigseim außgedrückt / ist dermassen
schwarz / daß es auch / wie diejenigen / die auß Curiösität

es darmit verſuchen laſſen/ verſichern/weder an der Son-
nen/ noch durch den Thau/ noch durch einige andere
Kunſt kan weiß gemacht werden.

Man findet auch gemeiniglich in den Höltzern dieſes
Landes noch eine andere art Bienen/ welche ihre Bienen Schwärme auch in die holen Bäume ſetzen/allda folgends ihr ſüſſes Werck zu machen/ eben wie die vorigen/
denen ſie der geſtalt nach gleich ſind: Im übrigen aber
haben ſie dieſes ſonderlich/ daß man ſie von weiten vor
fliegende Ameiſſen anſehen ſolte/ ſo gar klein ſind ſie/und
da die erſten viol-braun ſind/ ſo ſind dieſe gantz weiß. Es
iſt auch noch dazu dieſer mercklicher Unterſcheid zwiſchen
ihren Honig/ daß dieſer von dieſen kleinern Bienen etwas ſäuerlich iſt/ als wenn man den Safft von Citronen
darunter gemiſchet/ der andere aber iſt überauß ſüſſe/ al-
lermaſſen wir ietzund angezeiget haben.

Es wächſt auch in dieſer Inſul eine andere Art eines
wilden Weinſtocks/ der von Natur ſich an den Bäumen
hinauff windet/ und eben ſo groſſe Trauben als die unſe-
rigen träget/ die auch wenn ſie vollkommen reiffen/ faſt
eben ſo gut am Geſchmack ſind.   Diejenigen aber/ welche Wein-geleiten in ihren Gärten angeleget haben/ derer
erſten Fäſer auß Europa anhero gebracht worden/ die tragen fürtreffliche Früchte/ zweymahl im Jahr/ und auch
öffter/ nachdem ſie geſchnitten und mit anbinden wol ge-
wartet werden/ und man auch den Mondenſchein und
bequeme Zeit darbey in acht nimmt.   Welches bezeuget/
daß ſo man darauff bedacht ſeyn wolte/ eine zimliche Menge guter Fäſer und erfahrne Wintzer dahin bringen zu laſ-
ſen/ man mit der Zeit eben ſo fürtrefflichen Wein als gu

vie-

vielen andern Orten/die der Weinberge halben berühmt
ſind/ allda zu hoffen haben würde.

Man kan auch unter die Vortheile/oder ſonderbahren
Eigenſchafften dieſer Inſul rechnen/ daß die Indianer/
welche dieſelbe nun bereits mehr als vor 100 Jahren ver-
laſſen/ wie wir ſchon anderswo davon Meldung gethan/
nunmehro kein Recht/ unter was Schein es auch ſeyn
möchte/ mehr darauff prätendiren oder vorwenden kön-
nen/ alſo daß ſie dahin kommen/ ins Land fallen/ und
die Einwohner beunruhigen ſolten/ wie ſie ſonſten gegen
die in den andern Inſulen thun/ darauß ſie ſich beklagen/
außgeſtoſſen zu ſeyn durch Uberraſchungen/ Liſt oder Gewalt der Frembdlingen. Und da ja dieſe Gedancken ihnen
in den Kopff ſteigen ſolten/ſo iſt der Ort doch/itzo mit Volck
dergeſtalt beſetzet und bewohnet/ und mit ſo guten Beſtun-
gen verſehen/ daß alle ihre Anſchläge leicht im Rauch
vergehen/ und ſie mit Schande und Schaden wieder
umbkehren muſten/ wofern ſie einige Einfalle zu thun/
unternehmen wolten. Welches aber nicht zu beſorgen/
noch in ſo langer Zeithero gehöret worden.

Wir können auch noch zum Ruhm dieſer Colonie
beyfügen/ daß alle/ die allda wohnen/ freye Fiſcherey und
Jagt haben/ ohne Furcht/ deßwegen mit ihren Nach-
barn in Streit zu gerathen/ daß ſie etwan ihre Luſt auff
derer Gebiethe genommen/ ſondern ſie mögen ſich derſelben nach ihren guten Gefallen bedienen. Inerwogen/
daß ſie auch allda nicht mit Wachen oder Frohn-Arbeit
beſchweret werden/ſondern in Frieden von ihren Gütern/
die ihnen ihr Land oder Fleiß zu wege bringet/leben können/
unter einer ſehr gelinden Regierung/ als immer/ zu Er-

hal-

haltung der Gerechtigkeit und guter Ordnung / in Bürgerlicher Geſellſchafft angeſtellet werden kan.

Es iſt zwar wahr/ daß dieſe Inſul kein Gold-Mineren
oder Perlen-Quelle beſitzet / und daß ſie nicht mit vielen
Kleinodien noch einer groſſen menge überflüßigen Reichthümer / die zu nichts anders als zu Unterhaltung der
Pracht und Eitelkeit der Menſchen dienen/pranget; Wir
können aber ſagen / daß nachdem ſie erleuchtet wird / von
dem Göttlichen Licht der Himmliſchen Warheit/ uñ darneben in allem Uberfluß/Nahrung/ Decke und Kleider /
ihren Einwohnern mittheilet/ wie auch/ daß ſie eine gute
und nütz-bringende Kauffmannſchafft von außen / ver-
mittelſt ihrer anwachſenden Wahren unterhalten kan:
ſie ſich dahero mit recht aller köſtlichen Schätze Zions und
der wahren Reichthümer rühmen könne.

Alſo/ daß nachdem wir alle ſonderbahre Vortheile uñ
alle ſeltzame Dinge / womit dieſes Land vor andern reichlich verſehen iſt / betrachtet haben / wir mit recht beſchlieſ-
ſen können / daß diejenigen / ſo alda wohnen / dieſes Eyland ſchätzen ſollen / als eine abſonderliche kleine Welt /
welche der Allerhöchſte darumb von der groſſen Welt
abgeſondert hat / daß niemand mehr als ſie in ſo
außerleſenen Orthen / unnd unter ſo unſchuldigen
Verrichtungen / des Tages Lichts und der Nacht Ruhe / der Wälder Schatten/ und Kühlung der Brunnen genieſſen/ als auch / daß ſie an Klahrheit der ſicht-
bahren Dinge und ihrer Mutter der Naturin geſtalt/
wie ſie geweſen / ehe ſie durch Kunſt und Wolluſt verfäl-
ſchet worden / ſich ergötzen ſollen : und ſchließlich / daß
wir uns der Red-ahrt eines berühmbten Scribenten
                                                    die-

dieser Zeit bedienen/ so ist niemand als sie/ die da auß dem
Brunquell der natürlichen Ergetzligkeiten und derselben
klaren Schönheiten schöpffen könen/gestalt die Europær
und ihres gleichē/nur ihren Ab- und Uberfluß zu genieſſen
haben. Allermassen wir auch in solcher Meynung dieses Capitel schliessen/und vermittelst eines heiligen Wun-
sches/ zu denen glückseligen Einwohnern dieser Insul
sagen:

O GOtt geliebtes Volck/ der Höchste woll' dich segnen/
ER lasse/wie du wünschts/ dein Wolgeh'n reichlich regnen/
Und daß du sicher seyst/ so geb ER Fried und Ruh'/
Damit dein Glück noch wachs biß zu den Sternen zu.

Das XIV. CAPITEL.

Guter Rath und Bericht / so man denen geben muß/
die sich nach dieser Insul/ alda zu wohnen/ begeben wollen.

Jesenigen / so auf vorhergehende reiffe Berath-
schlagung in der Furcht Gottes den Schluß ge-
nomen/und nach anruffung seines Namens um
Segen zu ihren Vorhaben/sich nach dieser Colonie begebe
wollen / sollen vors erste berichtet seyn / daß weil diese Insul von unser Teutschen Küsten ohngefehr 1200 Meilen
ablieget/ man diesen gantzen Weg zu Wasser dahin nehmen müsse/ worzu man doch nicht mehr als 4/ 5 oder 6
Wochen zum längsten / allda mit der Hülffe GOTTes
anzulangen/ von nöthen hat; Und daß man auff dieser
Reise

Reise unterwegens die Jnsulen Madera und CapoVerde
antrifft / woselbst man Ancker fallen lassen kan / umb zu
Lande frische Lüfft zu schöpffen und nöthige Erfrischungen einzunehmen.

Sie sollen auch wissen/daß man zu Schiffe gehen kan/
entweder zu Lübeck/ Hamburg/ Amsterdam/Rotterdam/
oder Flisfingen; in welchen sehr berühmbten und aller
Ohrten sehr bekandten Städten / man umb einen gar
billigen Preiß alle nothdürfftigen Dinge haben kan / die
da nöthig sind / eine ferne Reise zu thun.

Weiter sollen sie Nachricht haben : daß weil die Zeit
zu Schiffe zu gehen an guten Winde hanget / dieselbige
nit eigentlich kan bestimet werden : doch daß die Schiffe/
welche fertig liegen/ gemeiniglich von den Rhede abgehen
im Martio oder Aprill.   Und daß die Schiffe / welche
Jhr. HochFürstl.Durchl. in Curland/ als der itzige Lan-
des- und Eigenthumbs-Herr solcher Jnsul/zu dieser Reise verordnen / groß und starck/ wohl besegelt/ und mit
Geschütz und allem Vorrath/ so zu dergleichen Vorhaben
erfodert wird/ versehen sind / und daß die Schiffs-Capi-
taine und Steurleute derselben/wie auch die Piloten darauff zur See erfahrne Leute sind / die da mit aller Sorg-
falt ihr Ampt und Schuldigkeit in acht nehmen/auch daß
in diesen auf der See schwimmenden Häusern/ gute und
bequeme Anstalt und Verordnung gemacht ist / damit
die Gesunde ihren Wolstand leichtlich erhalten/ und die
See-Krancken wohl gepfleget werden können.

Dieweil auch unterschiedliche Zufälle/ welche man in
wehrenden Lauff dieser Reise befürchtet / und die Gefahren denen man zur See unterwörffen ist/ ihrer viel abhal-
ten/

ten / diesen guten Vorsatz anzutreten/ wird es nöthig und
guth seyn / dieselbigen gegen solche eingebildete Feinde zu
bewaffnen und ihnen vorzustellen / dieweil GOTT der
HERR so wol über das Meer als über die Erde völlige
Macht und Gewalt hat / und seine Güte / Allmacht und
Weißheit/ allda gleicher massen regieret / daß ihnen auf
einem oder andern Elementen nichts begegnen könne /
welches nicht durch seine heilige Versehung zuvorhin verordnet / und daß dieser Allerhöchste Regent der gantzen
Welt / wenn sie nur in Einfalt und auffrichtigkeit des
Hertzens in dem Beruff / darin sie wandelen sollen / ihre
Reise anstellen/ alle Augenblicke ihres Lebens beobachtet /
und so sie sich gäntzlich seiner gnädigen Vorsorge überge-
ben / sie mit seinem Rath und Hülffe begleiten werde/ auf
daß sie in der That erfahren / daß nach seinen unwandelbahren Verheissungen / alle Dinge und Vornehmen denen/ die ihn lieben / müssen zum besten gereichen.

Es dienet auch denen Uberschiffenden zum Unterricht:
An statt daß die Welt-Kinder/ wenn sie dergleichen Rei-
en fürnehmen/ sich mit lustigen Geschicht-Büchern und
mit Karten und Würffeln versorgen / die Zeit damit zu
vertreiben: sollen diejenigen/ die GOtt fürchten / und
ihnen selbst eine glückliche Reise wündschen / sich versorgen mit dem besten zur Andacht dienenden Büchern/ und
fürderst die heilige Bibel mit sich nehmen / als welche
das allerbeste Buch ist/ darinnen sie den Weg finden
können / den sie wandeln sollen.

Ferner sollen sie unterweges betrachten / und sich für-
ten/ daß da sie itzo auß der Alten in die Neue Welt über-
gehen / sie ja nicht ihre alte böse Gewönheiten und Laster
mit

mit

mit über führen/ſondern daß ſie mit veränderung der Lufft
auch ihre alte Lebens-Arth verändern: Sie können die
gute weile/ ſo ſie auff den Schiffen haben/ ihnen dergeſtalt zu Nütze machen/ daß ſie mit GOtt den HERRN
handeln/ daß Er ihnen ein neü Hertz/ einen neüen Geiſt
und neüen Sinn gebe/ der da geſchickt ſey zu allen guten
Wercken/ inſonderheit aber ihn den groſſen GOt in
dem Land/ dahin ER ſie bringen wird/ zu dienen/
zu lieben und zu loben/ darmit ſie von Hertzen ſagen
können: Das alte iſt vergangen/ ſiehe es iſt alles neü
worden.

Um eine Probe vorzuſtellen eines ſo heiligen Vorſatzes/
und den Segen des Himmels über ſie uñ ihre Nachkom-
men zu führen/ ſollen ſie nach ihrer Ankunfft daſelbſt
zuförderſt bedacht ſeyn/ daß alle ihre Häuſer ſo viel kleine
Kirchen werden mögen/ woſelbſt GOtt heiliglich ge-
dienet/ das Opffer des Gebets und Lobes Ihme abends
und Morgens gebracht/ und ſein Wort alle Tage
gehöret werde. Hiernechſt ſollen ſie alles was ſie ver-
langen/ von ſeinem Segen und Gnade/ und nicht von
ihrer Vermögen oder Geſchickligkeit erwarten/ die Be-
ſtätigung ihres Hauſes/ und Wachsthum ihrer Wol-
fahrt in dieſem neüen Lande/ ſampt allen glücklichen fortgang ihres Vornehmens/ allein von der wunderbahren
Hülffe des HERRN erbitten/ in unaufhörlicher Er-
wegung/ daß wo der HERR nicht das Hauß bauet/
umbſonſt arbeiten die daran bauen; uñ daß der da pflan-
tzet/ und der da begieſſet nichts iſt/ ſondern GOtt alles
in allen/ der das gedeyen giebt.

Sie ſollen ſich auch nicht gereüen laſſen deß Orts ihrer
Ge-

Geburt / ſintemahl dieſe gantze Welt/deß gläubigen Vatterland iſt / der allendhalben ſich für einen Pilgrim und
Frembden achten muß / ſie ſind dem Himmel ſo nahe an
dem einem als an dem andern Ort / und wiſſen daß ihrer viel offt mehr Güter/mehr Ehre/mehr beſtändiger vergnügung / und auch mehr Freünde in einen frembden
Lande gefunden/ als ſie unter ihren nechſten Anverwand-
ten und in ihren Vatterlande verlaſſen haben.

Und demnach die Göttliche Verſehung/ ſo alzeit über
ſie zum guten wachet/ ſie dergeſtalt von einem Ort in den
andern verſetzet / ſo ſollen ſie gäntzlich darfür halten/daß
dieſelbige es alſo verordnet / ſie zu verhindern / daß ſie
nicht all zu tieff auf dieſer elenden Erde einwurtzeln möchten ; und ſollen ſich dieſer ſo guten gelegenheit gebrauchē/
ſo ihnen ſeine Weißheit an die Hand giebt / deſto ernſtli-
cher auff ihr rechtes Vatterland / die ewige neüe Welt /
zu gedencken/ und nach derſelbigen deſto inbrünſtiger zu
ſeufftzen/ daß wenn ſie ihre Augen auf die eine und die andere Welt dieſer Zeit werffen / und daſelbſt nichts anders
ſehen als Eitelkeit und Unbeſtändigkeit / und ſo ſeltzame
Verkehrungen / ſie ſagen müſſen/ nach dem allerweiſeſten
König auff Erden/ daß alles unter der Sonnen eitel und
jammer ſey

Sie ſollen vor allen Dingen ſehr ſorgfältig ſeyn/ mit
Ehrerbietung den eingeſetzten Ruhetag zu heiligen / wie
auch die andern/ an denen die Kirche zuſammen zu kommen pfleget/ GOTT den HErrn in Geiſt und in der
Warheit anzubeten / und alſo das feyerliche Gedächtniß
zu halten der fürnehmſten Geheimniße unſerer Erlöſung/
und für ihme ſich zu demütigen mit Faſten / Betten/ und
dancken.				G				Da-

Damit ſie auch in ſicherer ruhe ihres Gemüthes und Geiſtes leben / ſo ſollen ſie durch der Liebe / die da iſt das Band der vollkommenheit / mit allen Menſchen Frieden halten und demſelben nachjagen : Und fürnehmlich ſollen ſie mit freywilligkeit ſich untergeben der Regirung / der Ordnung / der Gerechtigkeit und der Policey / welche eingeſtellet ſind an dem Ort / da ſie hinkommen / und ſich nicht vermengen mit den Zänckiſchen / unruhigen und auffrühriſchen Köpffen / welche / weil ſie die Gelindigkeit nicht ertragen können / alles mit bittern Gemüth verunglimpffen / was mit ihrem verwirreten Gehirne nicht überein kompt. Sie ſollen auch mit allen müglichen Fleiß die Geſellſchafft der liederlichen Leute der Truncken-bolle / und derer / die ſonſten ein böſes Leben führen / meiden / damit ſie nicht ihre gute Sitten verderben / und den löblichen Vorſatz ändern möchten / den ſie gefaſſet haben / ſich gäntzlich zum Dienſt GOttes zu ergeben / und alſo dieſe neue Welt nicht beſudeln möchten / mit denen Sünden und Laſtern / welche ſie in der Alten Welt getrieben / und denen ſie abgeſaget / ehe ſie von dannen außgegangen ſind.

So ſie eine Familie haben / ſollen ſie alle mügliche Sorge anwenden / dieſelbige in wahrer GOttesfürcht in der Zucht und Vermahnung zum HERRN zu unterweiſen und anzuführen / und da ſie Schwartzen oder Leib-eigene erlangen / die ſtets an ihren Dienſt verbunden ſind / ſo ſollen ſie ſich befleiſſigen / dieſelbigen GOTT zu gewinnen / und ſie zur Erkäntniß ſeines Evangelii ziehen mit ſüſſen Banden und Seilen der Liebe und Gütigkeit unſers Heylandes / der uns auß Slaven und Knechten der Sünden / die wir von Natur waren / in die Freyheit ſeiner Kinder geſetzet hat.   Denn

Denn ob schon die äußerliche Gestalt oder Farbe dieser
elenden Leute von der ihrigen unterschieden/ so sind sie
dennoch Menschen wie sie/ welche GOtt zu seinem E-
benbild geschaffen/ und würde ihnen fürwahr ein unvergleichlicher Ruhm seyn/ so Seine Göttliche Majestät
sich ihres Dienstes gebrauchen wolte/ in ihre Hertzen das
Bild seiner Gerechtigkeit und Heiligkeit wieder einzugra-
ben/ welches die Abgötterey und Aberglaube darauß auß-
gerissen haben: Und hierinnen würde kein kräfftiger Mittel seyn/ sie auß der tieffen Finsterniß der Unwissenheit
und Unglaubens/ zu den wunderbahren Liecht der Warheit zu bringen/ als die tägliche und häußliche Unterwei-
sung/ und selbst eigene gute Exempel/ der Gottesfurcht/
Frommigkeit/ der Liebe/ Sanfftmuth/ und aller andern
Christlichen Tugenden ihnen vorzustellen.

Dahingegen sollen sie die Unmenschligkeit und Grau-
samkeit ablegen/ damit sie ins gemein diese arme Men-
schen/ die doch ihre stets wehrende Knechte sind/ ärger
als die Türcken tractiren. Welches denn verursachet/
indem sie einen so grossen Haß und Schrecken gegen die
grausame Begegnung/ die sie von diesen unerbittlichen
Herren empfangen/ fassen/ daß sie auch dahero vor ihrer
Religion einen sonderbahren Abscheu tragen/ und sich
gäntzlich einbilden/ daß dieselbige dergleichen Erschreck-
lichkeiten in sich halte/ lehre und gut heisse; Also daß diese
elende Creaturen/ so ohn unterlaß ihren unglücklichen
Zustand bejammern/ zuweilen sich in das eusserste Elend
stürtzen/ wie man dessen klägliche Exempel genug in andern Colonien gesehen hat.

Es muß auch den neuen Einwohnern dieser Insul ver-
mahnet

mahnet seyn / eben dergleichen Mittel und Meynung der
Freundligkeit / Gelindigkeit und Christlichen Liebe / gegen
die Indianer , als eingebornen des Landes zu gebrauchen /
wenn dieselbigen sie besuchen / und die Gelegenheit sich
ereignet / mit ihnen umbzugehen oder zu handeln : Damit
sie unter diesen armen Volck / welches GOTT frey hat
lassen gebohren werden / und nicht hart und unfreundlich
gehalten seyn will / auch den guten Geruch des Evangelii
und seiner Gnade außstreuen / und sich bemühen / sie von
der Gottlosigkeit und tieffen Unwissenheit / auff allerley
Mittel und wege / so ihnen der HERR an die Hand geben wird / herauß zu reissen und abzuziehen.

Diejenigen / welche Mittel haben und alßbald eine
Wohnung kauffen können / die mit allerhand Nothdurft
versehen ist / nachdem sie in dieser Insul ankommen / werden vieler Mühe überhaben seyn / und alßbald zum Anfang eine grosse Ergötzligkeit zu geniessen haben. Was
aber die andern betrifft / die einen dergleichen Vortheil
nicht haben können / denen wollen wir im Anfang ihrer
Bestätigung rathen / sich mit einem der alten Einwohner /
der eine gute Plantage hat / und dieselbige wol zu bestellen
weiß / in Gesellschafft zu begeben / damit / wenn sie mit einander auf gewisse Bedingungen / worüber sie sich werden
verglichen haben / arbeiten / sie die Arth und Weise / das
Land recht zu bauen / und den kürtzesten Wege / die
Lebensmittel und Kauffwahren darauß zu ziehen / erler-
nen / und desto eher subsistiren können.

Was die übrige Nachricht und Warnung betrifft / die
man allda denen / so auffs neue in dieser Insul anlangē /
geben muß / umb vielen Kranckheiten zu vermeiden / so
sie

sie daselbst überfallen könten / sol man ihnen anfangs rathen / daß sie sich einer grossen Müssigkeit in Essen und
Trincken befleissigen: Denn dieweil das Land warm/ so
muß man allda seinen Magen nicht überladen / wie hier
in den kalten Ländern geschicht / daher kompts/ daß ob
schon alle Lebensmittel/die allda wachsen/ weichlicht/und
leicht zu verdauen sind/ so rathet man doch denen/so erst-
lich dahin kommen/ daß sie wenig und offt essen/ umb sich
wol auff zu befinden. Die Nahrung oder Speise / so
so man allda zu sich nimpt / machet auch nicht viel Ge-
blüt / welches die Ursache ist/daß die Wund-Artzte/ wenn
sie eine Ader öffnen müssen/ nicht viel Bluth lauffen
lassen.

Es sind in allen Antilles etliche Früchte lieblich anzusehen / und eines guten Geruchs; vor welchen man
sich gleichwohl sehr sorgfältig hüten muß / wo man sich
nicht in augenscheinliche Gefahr/ davon sterblich Kranck
zu werden/setzen will. Die Apfel / die man gemeiniglich
Mansenille heisset / können hierunter die erste Stelle haben. Sie wachsen auf einen mittelmässig hohen Baum/
an gestalt wie unsere kleine Apffelbäume: Die gestalt
dieser Frucht ist denen sehr gleich / die wir bey uns de
Vermillion oder Röthgen nenen; die annehmliche Farbe
der außwendige Schale dieser Apffel / und der gute Ge-
ruch/ den sie von sich geben/ ursachen eine grosse Begierde darzu / sie sind aber voll eines solchen Sasftes/welcher
so gefährliche Eigenschafften hat / daß die davon essen /
anders nicht als den Todt zu gewarten haben/ im fall
ihnen nicht alßbald durch eine Gifft-wiederstehende Artzney geholffen wird / welche die gewalt des Gisstis wieder
außtreibet.　　　G 3　　　　　Man

Man findet auch unter dem Holtze/ ſo auf dieſer Inſul wächſet/ gewiſſe Gewächſe/die eine arth kleiner Früchte tragen/ die dem Mund ſehr wol ſchmecken/ folgends
aber ein ungemeines Erbrechen machen/ alſo daß die
neuen Ankömlingen ſich gar wol müſſen in acht nehmen/
bey dem Gebrauch aller Früchte dieſes Landes/ biß ſie die
guten von den böſen unterſcheiden lernen/ und vollkommene Nachricht von ihren guten oder gefährlichen Ey-
genſchafften erlanget haben.

Dieweil man auch durch eine traurige Erfahrung an-
gemercket/ daß alle die ſo ſich der angenehmen Kühlung
der Nacht zu genieſſen/ entblöſſen oder außziehen/ offt von
groſſen Magen-Beſchwerungen überfallen werden/ oder
daß ſie blaß und gelb werden/ oder geſchwellen/und in kürtzer Zeit ihre lebhaffte und rothe Farbe verlieren ; So ſollen diejenigen/ die allen dieſen verdrießlichen Zufällen
vorkommen wollen/ den gantzen Leib/ und ſonderlich die
Bruſt/ die Nacht über zugedeckt halten.

Man muß auch denen/ die Häuſer in dieſer Inſul
bauen wollen/ rathen/daß ſie in dieſelben das Tages-liecht
von Auffgang der Sonnen nehmen/ welche allendhalben und zuförderſt in dieſen warmen Ländern/ die Geſundheit zugleich mit ihren Strahlen bringet/ oder zum
wenigſten gegen den Norden/ daher gemeiniglich die
Winde wehen/ welche die Lufft in allen denen Orthen
reinigen/ welche unter dem trocknen Zona liegen.

Man hat auch in acht genommen/ daß nichts ſo ſehr
zur Erhaltung der Geſundheit der Einwoner dieſer neuen
Welt diene/ als daß ſie ihre Wohnungen weit von
Sumpffen und Moraſten abgelegen bauen/ und ſelbige

ſo

so viel es der unterschiedliche Zustand der Oerther leiden
wil / setzen an abhangige Oerter der Berge / oder auf derselbigen Höhen / da man eine reinere und freyeren Lufft
schöpffen könne / als die in den Thälern beschlossen oder
von den Bäumen oder Felsen / die aller Orthen schatten
geben / erstrecket ist. Diese Nachricht ist gegründet auf
die gute erfahrung vieler Leute / die mit Fleiß in acht genommen haben / daß diejenigen unter ihnen/ welche auf
den Bergen oder Hügeln wohnen / viel hurtiger unnd
lebhaffter sind/als die andern/ welche in den Thälern oder
mitten auf den Ebenen / so mit Morasten angefeuchtet
werden / ihre Wohnungen genommen haben.

Endlich muß man auch die neüen Einwohner dieser
Colonie erinnern / daß es ihnen sehr nützlich und vortheilig seyn wird / wann sie nicht auff einmahl alle Bäume / die sie auff ihren Plantagen finden / umbhauen ;
Sondern daß es guth sey / einen theil der allerschönsten
in jedweder Ecken zu bewahren. Dann über dem / daß
diese Baume eine sonderliche Zierde un angenehme Kühlung denen Wohnungen geben / so dienen sie auch/diesel-
bigen vor den Winden zu beschützen und die auffzuhalten/
als auch ihnen den Regen und Thau in viel grössern U-
berfluß zu zuziehen. Denn man erkennet anitzo / daß in
allen andern Insulen / in welchen sie die Wälder gefället
haben / es nicht so offt regnet / als es vor diesem gethan/
ehe man solch niederhauen der Bäume werckstellig gemacht. Darneben ist es ein unersetzlicher Schade / auf
einen Tag zu zerstören / was in 100 Jahren gewachsen /
oder mit Eisen und Feuer ohne einige augenscheinliche
Noth/ so schöne und röstliche Bäume zu vernichten/ die
man

man hernach umb groß Geld / wenn es müglich / gerne
wieder wolte kauffen / entweder Häuſer zu bauen / oder
andere ſinnreiche Wercke / zu welchen man ſie dienlich
findet / darauß zu machen.

Und ob ſchon viel ehrliche Familien / die ſich in dieſe
Inſul / oder in die benachbarte Oerter begeben / viel Güter dieſer Welt / und ſehr anſehnlichen Reichthum durch
den Segen des HERRN zuſammen gebracht / ſo ſollen
doch diejenigen / die willens ſind / ſich dahin zu begeben /
ſolches zu ihren fürnehmſten Zweck nicht ſetzen / als eine
Sache / welche zu geringe für ihre Mühe und Abſehen /
und einem großmüthigen Hertzen übel an ſtehet / ſondern
wo ſie allda wünſchen vergnügt zu leben / ſo ſollen ſie vor
allen Dingen das Reich GOttes und ſeine Gerechtigkeit
ſuchen / in der Hoffnung / daß alles / was das gegenwertige Leben betrifft / ihnen darauff überflüßig werde zuge-
worffen werden / wofern ihr GOtt und Seligmacher
es nützlich erachten wird / zu ſeiner groſſen Ehre und zur
Wohlfahrt ihrer Seelen.

Aber / ſie in dieſen ſo heiligen Vorſatz zu bekräfftigen /
ſo ſollen ſie ohn unterlaß betrachten / daß es ein groſſer
Gewinn iſt / Gottſelig ſeyn / und ſich genügen laſſen /
daß weil wir nichts in die Welt gebracht / wir auch nichts
mit hinauß nehmen werden / ſondern ſo wir wahre Gläubigen ſind / und Nahrung und Kleider haben / daß wir
uns begnügen laſſen. Denn die da reich werden wollen /
fallen in Verſuchung und thörichter und ſchädliche Lüſte /
welche die Menſchen ins Verderben und Verdamniß ver-
ſencken.

Man hat uns auch nicht vorzuwerffen / daß Leute an-
                                                          zu-

zutreffen / welche über so viel Meere fahren / und darneben keinen andern Zweck haben / als den wir ihnen alhie
verbieten / und daß es unmüglich sey/ daß diese neüen Co-
lonier ein solch Leben führen könten / daß so gar von den
zeitlichen Gewinst abgeschieden/welche Fleisch und Blut
gemeiniglich unser verderbten Natur an die Hand gibt.
Denn ob wir wol frey gestehen / daß die anzahl der jenigen / die so gottseliger Meynung seyn / wenig genug ist/
jedennoch können wir versichern / daß etliche in diesen so
anmuthigen Ländern gefunden werden/ denen der HErr
so viel Gnade gegeben / welche in betrachtung / daß das
Wesen dieser Welt vergehet / und daß sie hier keine blei-
bende städte haben / sich allda verhalten als Frembdlinge
und Pelgrim / und in einer so grossen Entschlagung aller vergänglichen Güter leben / daß weder Geitz / noch
Ehrzucht / noch Uppigkeit/ noch Wollust/ ihnen das Her-
tze zerreissen kan / also daß weil sie der Güter / die ihnen
GOtt gegeben/ gebrauchen / und derselben nicht miß-
brauchen; Sie alle ihre Sorge auff seine anzubetende
Versehung werffen / und keines wegs ihre Gedancken
und Zuneigungen auff die vergänglichen Reichthümer
dieser Welt setzen.

Es were wol zu wünschen / daß alle die in den Insulen
wohnen / eben dergleichen Geist und Gemüth hetten /
nemlich in aller Reinigkeit und mit Dancksagung so herrlicher Güter zu gebrauchen / die GOtt mit so reichen
Maaß über sie außschüttet; Aber doch / so wir sie übern
hauffen und ins gemein betrachten / so ist es gewiß / daß
ihrer noch viel mehr in diesen glückseligen Gegenden sich
befinden / welche frey sind von dem gebrauch deren unor-
dent-

dentlichen Begierden und Bekümmernissen dieser gegenwertigen Welt / als unter uns gegen unserer Anzahl zu
rechnen in Europa und anderer Orthen gefunden werden.

Nun / diese Beschreibung zu beschliessen / und einen
kürtzen Begriff zu machen der fürnehmbsten Materien /
davon wir weitläufftig gehandelt haben / so muß man gestehen / daß die Einwohner dieser kleinen neüen Welt /
ja vor ihren Augen und in ihren Händen haben / die al-
ler-fürtrefflichsten beweg-Ursachen / GOTT den HErrn
zu loben / und sich zu seinem Dienst zu ergeben / sie mögen gleich betrachten / die angenehme Lufft / so sie allda
schöpffen ; die überreiche Früchtbarkeit so ihnen zu theil
worden ; die entzückende Schönheit und Unterschiedlig-
keit der Bäume / die das Land bekleiden ; die Crystallen
Flüsse und Brunnen-Quellen / so es befeuchten ; die herrliche Früchte und Lebensmittel / die allda wachsen : der
Honig und Zucker-Seim / so allda trieffen : die köstlichen
Wahren / die sie daselbst einsamlen : und die reichen Fischerey und Jagten / die sie allda überflüßig finden : Oder
sie mögen ihre Augen wenden auff die merckliche anzahl
der ehrlichen Leute / die schon allda wohnen und ihnen
Gesellschafft halten / und die in kürtzer Zeit ihnen dahin
folgen werden : oder auch auff die Beschaffenheit der Festungen / die sie beschützen : oder über die leutselige Policey und freundliche Regierung / die daselbst angestellet ist /
gute Ordnung / wie auch Handel und Wandel zu unterhalten / und zu verschaffen / daß sie allda ein ruhiges und
friedliches Leben führen mögen : Oder auch schließlich ü-
ber das Höchste Guth / daß sie allda die rechten Mittel
haben / unterwiesen und getröstet zu werden durch das
                                                        heili-

heilige reine Wort GOttes/welches sie weise und verstän-
dig machet zu der ewigen Seligkeit.   Also/ daß weil sie
mit einer so grossen Menge der Auffmunterungs-Ursa-
chen und Hülffsmittel umbgeben sind/ welche sie gleichsam umb die Wette zur Erkántniß und zur Außübung aller heiligen Gebühr in der wahren GOttes-Dienst erwe-
cken/ sie den letzten Beschluß dieser Beschreibung dergestalt machen/ und zu langwieriger Glückseligkeit dieser
Colonie nebenst uns sagen können:

    Schönste Wohnung aller Gaben/
    Die der Mensch nur hier kan haben:
      Ach! dein Ruhm vergehe nicht/
      Weil durch dich die Güte bricht/
    Die der Schöpfer können geben/
    Allen die hienieden leben/
Ist ein Orth/ ein Land/ ein Feld/ das ist Himel-hoch zu loben/
So bistu's/ du werthes Land/ ewig sey dein Ruhm erhoben.

ENDE.

Register
der
CAPITEL.

Das

E N D E.